怎样读中国历史

吕思勉谈历史学习

吕思勉 著

中国文史出版社

从我学习历史的经过
说到现在的学习方法（代序）

一、少时得益于父母师友

《堡垒》的编者，嘱我撰文字一篇，略述自己学习历史的经过，以资今日青年的借鉴。我的史学，本无足道；加以现在治史的方法，和从前不同，即使把我学习的经过都说出来，亦未必于现在的青年有益。所以我将此题分为两橛，先略述我学习的经过，再略谈现在学习的方法。

我和史学发生关系，还远在八岁的时候。我自能读书颇早，这一年，先母程夫人始取《纲鉴正史约编》，为我讲解。先母无暇时，先姊颁宜讳永萱亦普为我讲解过。约讲至楚汉之际，我说：我自己会看了。于是日读数页。约读至唐初，而从同邑魏少泉景微先生读书。先生命我点读《纲鉴易知录》，《约编》就没有再看下去。《易知录》是点读完毕的。十四岁，值戊戌变法之年，此时我已能作应举文字。八股既废，先师族兄少木讳景栅命我点读《通鉴辑览》，约半年而毕。当中日战时，我已读过徐继畬的《瀛环志略》，并翻阅过魏默深的《海国图志》，该两书中均无德意志之名，所以竟不知德国之所在，由今思之，真觉得可笑了。是年，始得邹沅帆的《五洲列国图》，读日本冈本监辅的《万国史记》，蔡尔康所译《泰西新史揽要》，及王韬的《普法战纪》；黄公度的《日本国志》则读而未完，是为我略知世界史之始。明年，出应小试，侥幸入学。先考誉千府君对我说：你以后要么读些书，不该兢兢于文字之末了。我于是又读《通鉴》、毕沅的《续通鉴》和陈克家的《明纪》，此时我读书最勤，读此三书时，一日能尽十四卷，当时茫无所知，不过读过一遍而已。曾以此质诸先辈，先辈说："初读书时，总是如此，读书是要自己读出门径来的，你读过两三千卷书，自然自己觉得有把握，有门径。初读书时，你须记得《曾文正公家书》里的话：'读书如略地，但求其速，勿求其精'。"我谨受其教，读书不求甚解，亦不求其记得，不过读过就算而已。十七岁，始与表兄管达如联第相见，达如为吾邑名宿谢钟英先生之弟子，因此得交先生之子利恒，观，间接得闻先生之绪论。先生以考证著名，尤长于地

2

理，然我间接得先生之益的，却不在其考证，而在其论事之深刻。我后来读史，颇能将当世之事，与历史上之事实互勘，而不为表面的记载所围，其根基实植于此时。至于后来，则读章太炎、严几道两先生的译著，受其启发亦非浅。当世之所以称严先生者为译述，称章先生为经学、为小学，为文学，以吾观之，均不若其议论能力求核实之可贵。

苏常一带读书人家，本有一教子弟读书之法，系于其初能读书时，使其阅《四库全书书目提要》一过，使其知天下当时之所谓天下共有学问若干种？每种的源流派别如何？重要的书，共有几部？实不啻于读书之前，使其泛览一部学术史，于治学颇有裨益。此项功夫，我在十六七岁时亦做过，经史子三部都读完，唯集部仅读一半。我的学问，所以不至十分固陋，于此亦颇有关系。此项功夫，现在的学生，亦仍可做，随意浏览，一暑假中可毕。

十七岁这一年，又始识同邑丁桂徵同绍先生。先生之妻为予母之从姊。先生为经学名家，于小学尤精熟，问以一字，随手检出《说文》和《说文》以后的字书，比我们查字典还要快。是时吾乡有一个龙城书院，分课经籍、舆地、天算、词章。我有一天，做了一篇讲经学上的考据文字，拿去请教先生，先生指出我对于经学许多外行之处，因为我略讲经学门径，每劝我读《说文》及注疏。我听了先生的话，乃把《段注说文》阅读一过，又把《十三经注疏》亦阅读一过，后来治古史略知运用材料之法，植基于此。

二、我学习历史的经过

我少时所得于父母师友的，略如上述，然只在方法方面；至于学问宗旨，则反以受漠不相识的康南海先生的影响为最深，而梁任公先生次之。这大约是性情相近之故吧！我的感情是强烈的，而我的见解亦尚通达，所以于两先生的议论，最为投契。我的希望，是世界大同，而我亦确信世界大同之可致，这种见解，实植根于髫年读康先生的著作时，至今未变。至于论事，则极服膺康梁先生，而康先生的上书记，康先生上书，共有七次：第一至第四书合刻一本，第五第七，各刻一本，唯第六书未曾刊行。我亦受其影响甚深。当时的风气，是没有现在分门别类的科学的，一切政治上社会上的问题，读书的人都该晓得一个大概，这即是当时的所谓"经济之学"。我的性质亦是喜欢走这一路的，时时翻阅《经世文编》一类的书，苦于掌故源流不甚明白。十八岁，我的姨丈管凌云讳元善先生，即达如君之父，和汤蛰仙寿潜先生同事，得其书《三通考辑要》，劝我阅读。我读过一两卷，大喜，因又求得《通考》原本，和《辑要》对读，以《辑要》为未足，乃舍《辑要》而读原本。后来又把《通典》和《通考》对读，并读过《通志》的二十略。此于我的史学，亦极有关系。人家都说我治史喜欢讲考据，其实我是喜欢讲政治和社会各问题的，不过现在各种社会科学，都极精深，我都是外行，不敢乱谈，所以只好讲讲考据罢了。

年二十一岁，同邑屠敬山寄先生在读书阅报社讲元史，我亦曾往听，先生为元史专家，考据极精细，我后来好谈民族问题，导源于此。

我读正史，始于十五岁时，初取《史记》，照归、方评点，用五色笔照录一次，后又向丁桂徵先生借得前后《汉书》评本，照录一过。《三国志》则未得评本，仅自己点读一过，都是当作文章读的，于史学无甚裨益。我此时并读《古文辞类纂》和王先谦的《续古文辞类纂》，对于其圈点，相契甚深。我于古文，虽未致力，然亦略知门径，其根基实植于十五岁、十六岁两年读此数书时。所以我觉得要治古典主义文学的人，对于前人良好的圈点，是相需颇殷的。古文评本颇多，然十之八九，大率俗陋，都是从前做八股文字的眼光，天分平常的人，一入其中，即终身不能自拔。如得良好的圈点，用心研究，自可把此等俗见，祛除净尽，这是枝节，现且不谈。四史读过之后，我又读《晋书》《南史》《北史》《新唐书》《新五代史》，亦如其读正续《通鉴》及《明纪》然，仅过目一次而已。听屠先生讲后，始读辽、金、元史，并将其余诸史补读。第一次读遍，系在二十三岁时，正史是最零碎的，匆匆读过，并不能有所得，后来用到时，又不能不重读。人家说我正史读过遍数很多，其实不然，我于四史，《史记》《汉书》《三国志》读得最多，都曾读过四遍，《后汉书》《新唐书》《辽史》《金史》《元史》三遍，其余都只两遍而已。

我治史的好讲考据，受《日知录》《廿二史札记》两部书，和梁任公先生在杂志中发表的论文，影响最深。章太炎先生的文字，于我亦有相当影响；亲炙而受其益的，则为丁桂徵、屠敬山两先生。考据并不甚难，当你相当的看过前人之作，而自己读史又要去推求某一事件的真相时，只要你肯下功夫去搜集材料，材料搜集齐全时，排比起来，自然可得一结论。但是对于群书的源流和体例，须有常识。又什么事件，其中是有问题的，值得考据，需要考据，则是由于你的眼光而决定的。眼光一半由于天资，一半亦由于学力。涉猎的书多了，自然读一种书时，容易觉得有问题，所以讲学问，根基总要相当的广阔，而考据成绩的好坏，并不在于考据的本身。最要不得的，是现在学校中普通做论文的方法，随意找一个题目，甚而至于是人家所出的题目。自己对于这个题目，本无兴趣，自亦不知其意义，材料究在何处，亦茫然不知，于是乎请教先生，而先生抑或是一知半解的，好的还会举出几部书名来，差的则不过以类书或近人的著作塞责而已。以类书为线索，原未始不可，若径据类书撰述，就是笑话了。不该不备，既无特见，亦无体例，聚集抄撮，不过做一次高等的抄胥工作。做出来的论文，既不成其为一物，而做过一次，于研究方法，亦毫无所得，小之则浪费笔墨，大之则误以为所谓学问，所谓著述，就是如此而已，则其贻害之巨，有不忍言者已。此亦是枝节，搁过不谈。此等弊病，非但中国如此，即外国亦然。抗战前上海《大公报》载有周太玄先生的通信，曾极言之。

三、社会科学是史学的根基

我学习历史的经过，大略如此，现在的人，自无从再走这一条路。史学是说明社会这所以然的，即说明现在的社会，为什么成为这个样子。对于现在社会的成因，既然明白，据以猜测未来，自然可有几分用处了。社会的方面很多，从事于观察的，便是各种社会科学。前人的记载，只是一大堆材料。我们必先知观察之法，然后对于其事，乃觉有意义，所以各种社会科学，实在是史学的根基，尤其是社会学。因为社会是整个的，所以分为各种社会科学，不过因一人的能力有限，分从各方面观察，并非其事各不相干，所以不可不有一个综合的观察。综合的观察，就是社会学了。我尝觉得中学以下的讲授历

7

史，并无多大用处。历史的可贵，并不在于其记得许多事实，而在其能据此事实，以说明社会进化的真相，非中学学生所能；若其结论系由教师授与，则与非授历史何异？所以我颇主张中等学校以下的历史，改授社会学，而以历史为注脚，到大学以上，再行讲授历史。此意在战前，曾在《江苏教育》上发表过，未能引起人们的注意。然我总觉得略知社会学的匡廓，该在治史之先。至于各种社会科学，虽非整个的，不足以揽其全，亦不可以忽视。为什么呢？大凡一个读书的人，对于现社会，总是觉得不满足的，尤其是社会科学家，他必先对于现状，觉得不满，然后要求改革；要求改革，然后要想法子；要想法子，然后要研究学问。若其对于现状，本不知其为好为坏，因而没有改革的思想，又或明知其不好，而只想在现状之下，求个苟安，或者捞摸些好处，因而没有改革的志愿；那还讲做学问干什么？所以对于现状的不满，乃是治学问者，尤其是治社会科学者真正的动机。此等愿望，诚然是社会进步的根源；然欲遂行改革，非徒有热情，便可济事，必须有适当的手段；而这个适当的手段，就是从社会科学里来的。社会的体段太大了，不像一件简单的物事，显豁呈露地摆在我们面前，其中深曲隐蔽之处很多，非经现代的科学家，用科学方法，仔细搜罗，我们根本还不知道有这回事，即使觉得有某项问题，亦不会知其症结之所在。因而我们想出来的对治的方法，总像斯宾塞在《群学肄言》里所说的："看见一个铜盘，正面凹了，就想在其反面凸出处打击一下，自以为对症发药，而不知其结果只有更坏。"发行一种货币，没有人肯使用，就想用武力压迫，就是这种见解最浅显的一个例子。其余类此之事还很多，不胜枚举，而亦不必枚举。然则没有科学上的常识，读了历史上一大堆事实的记载，又有何意义呢？不又像我从前读书，只是读过一遍，毫无心得了吗？所以治史而能以社会科学为根底，至少可以比我少花两三年工夫，而早得一些门径。这是现在治史学的第一要义，不可目为迂腐而忽之。

对于社会科学，既有门径，即可进而读史，第一步，宜就近人所著的书，拣几种略读，除本国史外，世界各国的历史，亦须有一个相当的认识；因为现代的历史，真正是世界史了，任何一国的事实，都不能撇开他国而说明。既然要以彼国之事，来说明此国之事，则对于彼国既往之情形，亦非知道大概不可。况且人类社会的状态，总是大同小异的：其异乃由于环境之殊，此如夏葛而冬裘，正因其事实之异，而弥见其原理之同。治社会科学者最怕的是严几道所说的"国拘"，视自己社会的风俗制度为天经地义，以为只得如此，至少以为如此最好。此正是现在治各种学问的人所应当打破的成见，而广知各国的历史，则正是所以打破此等成见的，何况各国的历史，还可以互相比较呢？

四、职业青年的治家环境

专治外国史，现在的中国，似乎还无此环境。如欲精治中国史，则单读近人的著述，还嫌不够，因为近人的著述，还很少能使人完全满意的，况且读史原宜多觅原料。不过学问的观点，随时而异，昔人所欲知的，未必是今人所欲知，今人所欲知的，自亦未必是昔人所有欲知。因此，昔人著述中所提出的，或于我们为无益，而我们所欲知的，昔人或又未尝提及。居于今日而言历史，其严格的意义，自当用现代的眼光，供给人以现代的知识，否则虽卷帙浩繁，亦只可称为史料而已。中国人每喜以史籍之丰富自夸，其实以今日之眼光衡之，亦只可称为史料丰富。史料丰富，自然能给专门的史学家以用武之地，若用来当历史读，未免有些不经济，而且觉得不适合。但是现在还只有此等书，那也叫没法，我们初读的时候，就不得不多费些功夫。于此，昔人所谓"门径是自己读出来的"，"读书之初，不求精详，只求捷速"，"读书如略地，非如攻城"等等说法，仍有相当的价值。阅读之初，仍宜以编年史为首务，就《通鉴》一类的书中，任择一种，用走马看花之法，匆匆阅读一过。此但所以求知各时代的大势，不必过求精细。做这一步功夫时，最好于历史地理，能够知道一个大概，这一门学问，现在亦尚无适当之书，可取《方舆纪要》，读其全书的总论和各省各府的总论。读时须取一种历史地图翻看。这一步功夫既做过，宜取《三通考》，读其田赋、钱币、户口、职役、征榷、市籴、土贡、国用、选举、学校、职官、兵、刑十三门。历史的根底是社会，单知道攻战相杀的事，是不够的，即政治制度，亦系表面的设施。政令的起源即何以有此政令。及其结果，即其行与不行，行之而为好为坏。其原因总还在于社会，非了解社会情形，对于一切史事，可说都不能真实了解的。从前的史籍，对于社会情形的记述，大觉阙乏。虽然我们今日，仍可从各方面去搜剔出来，然而这是专门研究的事，在研究之初，不能不略知大概。这在旧时的史籍中，唯有叙述典章制度时，透露得最多。所以这一步功夫，于治史亦殊切要。此两步功夫都已做过，自己必已有些把握，其余一切史书，可以随意择读了。正史材料，太觉零碎，非已有主见的人，读之实不易得益，所以不必早读。但在既有把握之后读之，则其中可资取材之处正多。正史之所以流传至今，始终被认为正史者，即由其所包者广，他书不能代替之故。但我们之于史事，总只能注意若干门，必不能无所不包。读正史时，若能就我们所愿研究的事情，留意采取，其余则只当走马看花，随读随放过，自不虑其茫无津涯了。

　　考据的方法，前文业经略说，此中唯古史最难。因为和经、子都有关涉，须略知古书门径，此须别为专篇乃能详论，非此处所能具陈。

学问的门径，所能指出的，不过是第一步。过此以往，就各有各的宗旨，各有各的路径了。我是一个专门读书的人，读书的工夫，或者比一般人多些，然因未得门径，绕掉的圈儿，亦属不少。现在讲门径的书多了，又有各种新兴的科学为辅助，较诸从前，自可事半功倍。况且学问在空间，不在纸上，读书是要知道宇宙间的现象，就是书上所说的事情；而书上所说的事情，也要把它转化成眼前所见的事情。如此，则书本的记载，和阅历所得，合同而化，才是真正的学问。昔人所谓"世事洞明皆学问，人情练达即文章"，其中确有至理。知此理，则阅历所及，随处可与所治的学问相发明，正不必兢兢于故纸堆中讨生活了。所以职业青年治学的环境，未必较专门读书的青年为坏，此义尤今日所不可不知。

吕思勉

目录

为什么要研究历史

历史到底是怎样一种学问？研究了它，有什么用处？

提出这一个问题，我知道多数人都能不待思索而回答道：历史是前车之鉴。什么叫作前车之鉴呢？那就是：从前的人所做的事情，成功的，大家认为好的，我们可奉以为法，照着他做；失败的，大家认为坏的，我们当引以为戒，不照着他做。姑无论成功失败，不尽由于做法的好坏；众人所谓好坏，不足为准；即置二者于弗论，世事亦安有真相同的？执着相同的方法，去应付不同的事情，哪有不失败之理？在社会变迁较缓慢之世，前后的事情，相类似的成分较多，执陈方以医新病，贻误尚浅，到社会情形变化剧烈时，就更难说了。近代世界大通，开出一个从古未有的新局面，我们所以应付之者，几于着着失败，其根源就在于此。所以愤激的人说道：历史是足以误

1

事的。因为不读历史，倒还面对着事实，一件新事情来，要去考察它的真相，以定应付的方针；一有了历史知识，先入为主，就会借重以往的经验，来应付现在的事情，而不再去考察其真相；即使去考察，亦易为成见所蔽，而不能见其真相了。如咸丰十年，僧格林沁被英、法兵打败了，薛福成的文集里，有一篇文章记载其事，深致惋惜之意。他说：咸丰八年，业经把英、法兵打败了，这一次如能再打一个胜仗，则他们相去数千里，远隔重洋，不易再来第三次，时局就可望转机了。近代世界交通的情形，是否英、法再战败一次，即不易三来？当日清朝腐败的情形，是否再战胜一次，时局即可望转机？我们在今日看起来，可谓洞若观火，而在当日，号称开通的薛福成竟不能知，这也无怪其然。当日英、法的情形，自非薛氏所能洞悉。然使薛氏而毫无历史知识，倒也不会作英、法再败即不易三来的推测。有了历史知识，照历史上的成例推测，相去数千里，远隔重洋，而要兴兵至于三次、四次，确是不容易的，无怪薛氏要作此推测了。据此看来，历史知识足以误事之言，并不能说它不对。然而没有历史知识，亦未尝不误事。当袁世凯想做皇帝时，先由筹安会诸人列名发出通电，说要从学理上研究中国的国体问题，到底君主民主，孰为适宜？当时大家看见这个通电，就说：袁世凯想做皇帝了。我却不以为然。我说：这其中必然别有缘故，深曲隐蔽，不可轻于推测。为什么呢？

我以为生于现今世界，而还想做皇帝，还想推戴人家做皇帝，除非目不识丁，全不知天南地北的人，不至于此，以此推测袁世凯和筹安会诸人，未免太浅薄了，所以我有此见解。然而后来，事情一层层披露出来，竟尔不过如此，这不是一件奇事吗？此无他，还是缺乏历史知识而已。据这件事情看来，历史知识是不会误事的，所以误事，还是苦于历史知识的不足。这话怎样讲呢？须知道世界上是没有全无历史知识的人的。我们和人家谈话，总听得他说从前如何如何，这就是历史知识。所谓历史，原不过是积从前如何如何而成，所以此等人和专门的史学家，其知识之相去，亦不过程度之差而已。袁世凯和筹安会中人，想做皇帝，想推戴人家做皇帝时，亦何尝没有他们的历史知识？在中国历史上，皇帝是如此做成的；推戴人家做皇帝，是如此而成功的，岂能说是没有？以当时的情形而论，反对的人，自然不会没有的，然而据历史上的成例推测，岂不可期其软化？即有少数人不肯软化，又岂不可望其削平？这个，据着他们仅有的、一偏的历史知识推测，自亦可以作此断案，自不免于希冀侥幸。倘使他们再多读一些近代的外国历史；倘使他们的心思再能用得深一点，知道历史上的事情前后不符的甚多，未可轻易地执着前事以推断后事，他们自然不至于有此失着了。所以说：误事的不是历史知识，只是历史知识的不足。

历史上成功的，大家所认为好的事情，既不能摹仿；据历史上的成例，以推断事情，又易陷于错误；而没有历史知识，又要误事，然则如何是好呢？须知道：应付事情，最紧要的，是要注意于学与术之别。学是所以求知道事情的真相的，术则是应付事情的方法。浅薄的人往往说：我能够应付就得了，事情的真相，管它干吗？殊不知你知道了事物的真相，应付的方法自然会生出来，只有浅薄的应付方法，则终必穷于应付而后已。浅近些说：我们要做一张桌子、一把椅子，这自然是有成法可循的，然而木料之类，有时而不凑手，怎样办呢？倘使你只会按照一定的样子做，就要束手无策了。如你明于原理，那就可以随时变化。桌面上是要安放东西的，所以要是个平面，只要是平面，其形状是正方的、长方的、正圆的、椭圆的，甚而至于都不是的，却不是顶紧要的条件。普通的桌、椅，总是四只脚，那是求其安放得牢，然则只要安放得牢，三只脚也未尝不可以；倘使只有一根粗的木材，能够撑定在中间，也未尝不可以，又何必定要四只脚呢？这是举其两端为例，其余可以类推。做桌、椅是最呆板的事，尚且如此，何况较活动的事？何况所应付的是人而不是物呢？然则事物的真相，如何能够知道呢？那史学家有一句名言道："现在不能说明现在。"为什么现在不能说明现在呢？那是由于一切事物，有其"然"，必有其"所以然"，不知其所以然，是不会了解其然的性质的。

我们要用一个人，为什么要打听他的出身？为什么要打听他的经历？岂不以一个人的性格、才能等等，就是他的出身、经历等等造成的。我们试再反躬自省：我为什么成为这样子的我，岂不和我所生长的家庭、我所肄业的学校、我所交往的朋友、我所从事的职业，都有很大的关系？倘使我生在别的家庭里，在别的学校里肄业；我所交往的朋友，换过一班人；我所从事的职业，也换成别一种，我岂能成为现在的我？我们再放眼纵观：我们所认得的人，为什么成为他现在这个样子？读书的人多少有些迂腐气，做官的人多少有些官僚气，生意人多少有些市侩气，白相人多少有些流氓气，这是为什么？他们是生来如此的吗？然则中国的社会，为什么和欧洲不同？欧洲的社会，为什么和日本不同？甚而至于英国和美国不同；日本和朝鲜不同；就中国的社会，南北风气亦不能尽同，其故安在？就可以深长思了。寻常人对于一切事物，大都不甚深求，所以觉得不成问题。其实略加思考，任何事情，所以如此，莫不有很深远的原因在内；深求其故，无不可以追溯至于极远之世的。固然，我们对于一切事物，总不能真正寻根究底，然而多知道一些，毕竟要好一些，然则历史怎好不研究呢？

有人说：你的话是对了。可是以往的事情多着呢，我们如何能尽记，亦且如何能尽知？这话不错。一天的新闻纸所载，奚啻社会上所发生的事情的几万万万分之一；历史的所载，又奚啻新闻纸的几万万万分之一，我们能知道什么？历史又何从谈起呢？且慢，我们现在是怎样的一个人？你在社会上，占如何一种位置？人家如何应付你？你没有不明白的。我们所以能够明白这些，岂不由于以往的记忆？然而我们以往的事，我们亦何尝能尽记？然则我要明白我之所以为我，正不必把以往的事情全记牢，只要记得其"足以使我成为现在的我的事情"就够了。在人如此，社会亦何独不然？又何至于要把以往的事情全记呢？然而问题就在这里了。

历史的历史

任何一件事，非追溯其以往，不能明白其现在；任何一件事，求其原因，都可以追溯到极远，而又不必把以往的事情全记。这种说法，看似微妙，其实是容易明白的。问题就在：对于以往的事情，要把其使现在成为现在的，挑选出来，而我们现在所挑选的是否得当呢？这话就很难说了。须知历史，亦只是在一定的环境中，自然发生、成长之物，并不是自始即照着理想做的；更不是人类自始就有什么高远的理想。说到此，则我们不能不一一考究所谓历史的历史了。

用普通人的眼光看起来，历史的起源是很远的，所以一开卷，就是些荒诞不经、渺茫难考的话。其实历史比起人类的年龄来，是很小的。人类的年龄，假定为五十万年，则历史的年龄，大约不过其百分之一；而且比较可靠的，还至少要打一个对折。我们对于以往的知识，自不甘以此为限。所以在没有历史的时代，也要想法子把它补作起来。因此，有所谓历史时代和先史时代。所谓历史时代，是当时的人，有意把他当时或以前的事，记载下来，传给后人，而其所传者，至今还有存留的。所谓先史时代，则这种遗留之物，已无所有，所有的一切，都是后人补作出来的。历史的流传，原不以语言和文字为限，然由语言或文字流传的，究居其极大部分。语言和文字，从广义上说起来，原即一物，文字不过是语言的扩大而已，然语言非借文字，不能传诸久远。所以从大体上说，亦可以说：历史时代，大略和有文字的时代相当；先史时代，则属于未有文字的时代。

历史时代所流传下来的，是些什么东西呢？据我们所见到的，可以分为下列几种：（一）国家所设立的记事之官，即所谓史官所记的。其中又分为：（1）记事之史。其书之存于现在者为《春秋》。（2）记言之史。其书之存于现在者为《尚书》。此系就整部的体例言，若记事、记言之史，零碎材料存于古书之中的，则不可胜举。又《春秋》为记事之史，《尚书》为记言之史，亦系就其大体言之，其中亦自有不能划一之处，如《禹贡》即并非记言之体。总之，古书编纂错乱，体例总不能尽纯，不可十分拘泥。（3）古代的法、令、章程之类。其书之存于现在者为《礼》。小的为一事的仪式，如《仪礼》所记是；大的则可以关涉国家行政机关的组织及法令的全般，古人亦称为礼，如《周礼》是。后世之《唐六典》，即系仿《周礼》而作的；明、清《会典》，又系仿《唐六典》而作的。(4) 贵族的世系，古称为帝系、世本，简称为系、世，但世本亦是它的通名。所以《世本》这部书，内容亦兼记帝王的统系。系、世的记载，据《周礼》，系小史之职。(5) 古人自记其功勋，或记其先世功勋之作，即所谓金石刻。金属的寿命，尤较石为悠久，故古器物存于后世的，以金为尤多。(二) 私人所传述的故事，或伟大人物的言行。以其起于口耳相传，故其后虽笔之于书，而仍称为语。传述一件故事或一个人的言行的，都谓之语。前者如武王克商之事，《礼记·乐记》称为牧野之语是；后者如《国语》，是分国编纂的语。《论语》，论同伦，类也，此书乃孔子及孔门弟子的言行，被分类编纂的。《史记》的列传，其原本实称为语，所以在他篇中述及，尚称之为语，如称《淮阴侯列传》曰《淮阴侯语》是。大抵士大夫所传述的，其所关涉之事较大，其说亦较近情理；农夫野老所传述的，则正相反。但要考见当时社会的情况，以及较古的情况，反宜于后者求之，一入士大夫口中，就被其以"言不雅驯"四字删去了。四字见《史记·五帝本纪赞》。中国的神话，颇觉贫乏，其原因即由于此。中国的神话，唯《山海经》及《楚辞》的《离骚》《天问》等篇，包含较多。其见于纬书的，看似丰富，然多出后人伪造，至少曾经过改造，不甚可信。

历史的缘起，从心理方面说来，可以说：(一) 属于理智方面。因为人类有求知的欲望，所以 (1) 属于无可解释之事，亦要给它一个解释，神话的起源即如此。（2）要记录以往之事，以做将来办事的根据或参考，国家设立史官的根源，就在于此。（3）要记录以往的事，以作后人的法戒，其说已如第一章所述。（二）属于情感方面。不论什么人，都有一个恋旧而不忍忘记之感情，所以要把自己的经历，或他人的事情，是他认为有意义的，传述下来，留给后人。有这两种动机，历史就诞生出来了。但是古人对于主客观的分别，不甚清楚。所以（一）其所流传，真正的事实，和自己的意思，往往混合不分，甚至全篇的话，都是以意构造的，和现在的小说一般，而亦用记事的形式，流传下来，此即所谓寓言，最易使事实淆混。古代所谓小说，乃谓其出于街谈巷语，而不出于士大夫，说见《汉书·艺文志》。事实出于虚构，如后世之小说者，古人谓之寓言。后世的小说，情节虽经理想化，事实或有根据，然其人名、地名等，则必非真实，故不易与事实相混。古代之寓言，则正相反。情节出于虚构，而人、地名则多用真者，如《庄子·盗跖篇》，欲寓其"秀才遇着兵，有理讲不成"的理想，乃捏造一孔子欲说服盗跖，反为所大骂，几至遇祸之事，即其一例。（二）更古的人，则连生物和无生物、人和动植物的区别，都弄不清楚了，所以又有所谓神话。（三）就是述及制度，也是如此的，孰为当时实有的制度？孰为传述者的理想？二者并不分开。记制度者，以儒家之书为最多。儒学分今古文两派，今文言制度者，以《礼记》的《王制》篇为总汇，古文以《周礼》为大宗，皆系如此。诸子书言制度者，以《管子》为最多，亦系如此。所以古代的史实特别模糊。这种性质，大概秦、汉之际，是一个界限。在汉朝初年以前，历史所传的，如赵高指鹿为马之事，如流俗所谓鸿门宴的故事，见《史记·秦本纪》及《项羽本纪》。都是说得天花乱坠，极有趣味，而细想一想，就知道其万无此理的。其可信的程度，决不会超出后世的《三国演义》之上。秦、汉之际，尚且如此，前乎此者，就更不必说了。所以所谓古史，实当别为一科，专门研究。因为研究的人，各有专长，而古史的研究，有需于特别技术者尤多。至某书或某书的某部分，是否当属于古史的范围，则当以其是否具有此种性质而定，不能执时代为断。从汉朝统一天下以后，文化发达，传述者的程度骤然提高；可靠的材料，流传下来的亦多，前乎此者，采取不足信的材料，亦不能为其人咎。因为历史是不能造作的，断不能以自己推想所信的，作为史实。流传下来的，只有这样的材料，自只能照其原样，传给后人。而采取它的人，原并不以为可信，所以既采取之，而又加以辨正者亦甚多。历史便焕然改观了。

　　史学的发达，不能不为物力所限。古代作书的材料，简牍笨重，缣帛价贵，而书写又烦难，于是乎（一）著作难，（二）材料之搜辑亦不易。所以能成立一部巨著的，非依靠国家，得其助力不可。司马谈、迁父子世为史官，即其一例。但自隋以前，作史的人，虽借国家的助力，而其事则仍系私人的事业。虽然有时候编成某一朝的历史，系出于国家的命令，亦

11

都就有志于此，或业已从事于此者而命令之，国家不过给以某种助力而已。时代愈后，则（一）材料愈多，（二）所关涉的范围亦愈广，从分量和门类两方面而论，都非一人之力所克胜，唐时遂开集众纂修之例，此后就沿为故事了。可参看《史通》的《古今正史》《史官建置》两篇。其唐以后的事，拙撰的《史通评》，可以参见商务印书馆本。向来论史学的人，多数偏袒私家著述，而贱视集众修纂，这亦是一偏之见，其实二者是各有所长的。如《晋书》系集众所修，其纪、传的凌乱和琐屑，诚不能为讳，然志却是好的，即由聚集各专家，各用其所长之故。况且一人独著，事实上已陷于不可能，那也不必去追慕它了。

著述的人，都要靠国家的助力，其事自然和政治接近了，因书写材料之笨重和昂贵，以致书写艰难，流传不易的情形，自造纸术成功而一小变，至印刷术发明而一大变。然而从事于作史的，都是所谓士大夫，士大夫是以政治为职业的，所以历史注重政治的情形，始终无甚变动。政治方面的现象，昔人所重视的有两种：（一）随时发生的事情，如某年月日太子生，某年月日旧君死，新君立，某年月日某外国入寇之类，这是无从预知的。（二）则政治上预定一个办法，以处理某种事务，此即所谓政治制度。其能行与否，诚未可知；行之而能历多久，亦未可知；然既定为制度，总是期其行之永久，至少亦是期其行之于某一时期之中的。这两种政治现象，马端临的《文献通考·总序》中，各给了它一个名目，称前者为理乱兴亡，后者为典章经制。历代的史籍，实以此二者为记载的中心。所谓正史，它的体裁，大体上有纪、传、表、志四种，《史记》尚有世家一体，乃系记载未统一前的列国的，后世已无其物，故诸史皆不用，欧阳修《新五代史》，袭用其名，实属无谓；《晋书》有载记一体，源于《东观汉记》，《东观汉记》用以记开国时的群雄，《晋书》则用以记割据诸国，然亦可以不必别立名目，故他书亦总称为列传。本纪、列传，是所以记前一类的事实的，志是所以记后一类的事实的，表则二者皆可用。因其体例，于此两种事实，能够包括无遗，所以历代功令，定为正史。但纪、传之意，虽在于记事，而以人为单位，于事实未免割裂，不便观览，此不能为司马迁咎，因古代的纪、传，事实多不相关涉；其相关涉的，材料性质亦各有不同，不能合并也。但后世袭用之，则使史事割裂。所以又有取别种体裁的书，与之并行。其记前一类事实，而以时间为条理系统的，谓之编年；挑选若干大事，逐事详其始末的，谓之纪事本末。记后一类事实的，有的通贯列代，如《通典》和《文献通考》是；有的专详一代，如《两汉会要》是。其随意记载，并无一定的范围，或并无条理系统的，则称为杂史。又有稗史、野史等名。其体例与正史同，而未列为正史的，清《四库书目》称为别史。专以人为主，而记其事迹的，则称为传记。包

13

括年谱等。传记有专记一人的，亦有并列多人的，后者如《高僧传》《耆献类征》等都是。从前的历史，所取编纂的方式，重要的，大抵不外乎此。此外地理应当独立为一科。旧时书目，亦入史部之中，乃因（一）从前的地理偏于考古，论其性质，大部分系读史地理，不能独立为一科；（二）又旧时书籍，以经、史、子、集为四大部，地理不能归入经、子、集，势不得不附于史部之中。目录学的归入史部，亦可说是出于后一个理由。此外如诏令奏议、职官等门，则只可说是未经编纂的历史材料而已。时令亦列入史部，最为无理，即以旧时的分部论，亦应列入子部天文家之中。史评一门，内容分为（一）考证、评论史事，（二）论作史之法。二者同用一名，亦为未妥。有史时代的史材，大致如此。

先史时代的史材，则不是求之于书，而是取之于物的。其物，从性质上言之，可分为三类，即：（一）人类的遗骸。（二）古物。此门包括极广，不论食物、衣服、用具、建筑物、道路及天产品等都属之。能得实物固佳，如不能得，则得图画、模型，亦较但用文字说明者为亲切明白。惜乎从前绘画之技不甚精，辗转传抄或翻刻，更易失其原样；仿制之物，亦多以牟利为动机，如古钱便是。不尽可信而已。书籍，自其又一方面观之，亦为实物，如宋版、元椠，可观其纸墨、字体，而知当时制造及印刷的技术是。他种实物，更不待论，如钟

14

鼎，一方面可观其铭刻，又一方面，即可观其冶铸的技术，其重要，实有过于根据其文字以考史事。中国从前科学不发达，不甚知道实物的价值，属于古物，偏重其有文字者，以致作伪者亦以此为务。如殷墟甲骨文，据中央研究院历史语言研究所报告，伪造者确有其人，且有姓名及每伪造一片的价格。今后实不可不翻然改图。（三）为法、俗。法、俗二字，乃历史上四裔传中所用的。这两个字实在用得很好。法系指某一社会中有强行之力的事情，俗则大家自然能率循不越之事，所以这两个字，可以包括法、令和风俗、习惯；而衣、食、住、行等物质生活，在古代，亦皆包括于俗之中；所以这两个字的范围很广，几于能包括一个社会的一切情形。（1）法、俗的变迁，有的很迟，所以古代的法、俗，还存于现在，这固不啻目击的历史。（2）又其变迁，大抵有一定的途径，所以业经变迁之后，考察现在的情形，仍可推想以往的情形。（3）社会进化的阶段，亦往往相类。所以观察这一群人现在的情形，可以推测别一种人前代的情形。社会学之所以有裨于史学，其根源实在于此。此种材料，有的即在地面上，有的则须掘地以求之。大概时代愈远，则其有待于发掘者愈多。历史的年代，是能追溯得愈远愈好，所以锄头考古学和史学大有关系。

史学进化的几个阶段

不论哪一种学问，都是逐渐进步的，史学将来的进步未知如何，这或者连它所要走的方向，亦非现在所能预知。若回顾既往，则其进步，有历历可指的。我现在把它分作几个阶段，这可以看出史学发达的情形，而史学研究的方法，亦即因此而可知。

中国史学的进化，大略可以分作四个阶段：

第一个阶段，可以把司马谈、迁父子做代表。他父子俩有意网罗一切史材，做成一部当时的世界通史。所谓世界，总系以当时的人所知道的为界限，在近世世界大通以前，西洋人的所谓世界，亦系如此。所以《史记》实在是当时的世界史，而不是本国史。不但《史记》，即中国历代的正史，称为其时的世界史，亦无不可，因为它已经把它这时代所知道的外国，一概包括在内了。在他以前，固非没有知道看重历史的人，所以有许多材料，流传下来，还有一部无名氏所作的《世本》，史学家称它为《史记》的前身。《世本》亦有本纪，有世家，有传；又有谱，即表的前身；有《居篇》，记帝王都邑；有《作篇》，记一切事物创作之原；为书之所本。所以洪饴孙作《史表》，把它列在诸史之前。然总还是片段的、部分的保存而已，重视历史的观念，总还觉得未臻于圆满，到他父子俩，就大不相同了。所以他父子俩，可说是前此重视史学的思想的结晶，亦可说是后世编纂历史的事业的开山。这种精神，这种事业，可以说是承先启后。后来许多史学家的著作，都是从此基础之上发展出来的。

第二，自司马迁以后，史学界有许多名家，不过觉得史料要保存，要编纂，以诒后人而已，编纂的方法如何，加以研究的很少。到唐朝的刘知几，才于此加以检讨。据《唐书》的《刘知几传》，和他同时，怀抱相类的思想的，有好几个人，可见这是史学上进化自然的趋势，刘知几只是一个代表。他著了一部《史通》，对于古今的史籍，加以批评。他先把史籍分成正史和非正史两种，评论其可称为正史的，共有几家；其体裁适用于后世的，共有几种。见《史通》之《六家》《二体》《杂述》三篇。《六家》系刘知几认为正史的；《二体》则六家之中，刘氏谓其可行于后世的，所以其《古今正史篇》所述，亦以此二体为限；《杂述》则其所认为非正史的。对于材料的去取，以及编制的方法，文辞的应当如何，都一一加以研究。实为作史方法的一个大检讨。

第三，刘知几的《史通》，不过遵守前人的范围，对其作法加以研究而已。所谓范围，就是何种材料，当为史家之所取，何种材料可以置诸不问，刘知几和他以前的人，意见实无大异同，即可说他史学上根本的意见，和他以前的人，亦无大异同。到宋朝的郑樵，便又不同了。他反对断代史而主张通史，已经是史法上的一个大变。这还可说是《史记》的体例本来如此，而郑樵从而恢复之。其尤为重要的，则是他觉得前人所搜集者，不足于用，而要于其外另增门类。他在《通志》的《总序》中，表示这种意见，而其所作的二十略，门类和内容亦确有出于前人之外的，据《总序》自述：《氏族》《六书》《七音》《天文》《地理》《都邑》《谥》《器服》《乐》《艺文》《校雠》《图谱》《金石》《灾祥》《昆虫草木》十五略，都出自胸臆，不袭汉、唐诸儒，此就内容而言。若以门类而论，则《六书》《七音》《校雠》《图谱》《金石》《昆虫草木》，乃全为郑氏所新立。这可说是史学上的一个大变革了。

第四，以从前的人所搜辑的范围为太狭，而要扩充于其外。这种见解，从史学知识当求其完全、广博而论，是无人能加以反对的，但是仅此门类，史料日日堆积，业已不胜其烦，不可遍览了，何况再要扩充于其外呢？如此，岂不将使历史成为不可观览之物吗？然而要遏止这个趋势，把材料加以删除，却又不可。这事如何是好呢？于此，中国的大史学家章学诚出来，乃想得一个适当处置之法。他把史材和作成的史籍分为两物。储蓄史材，务求其详备；而作史则要提要钩玄，使学者可读。因史料的详备，史家著述才有确实的根据，和前此仅据残缺的材料的不同。亦唯史材完备保存，读者对于作者之书有所不足，乃可以根据史材而重作。一人的见解，总不能包括无遗，所以每一种历史，本该有若干人的著作并行。其大体完善，而或有错误、阙略之处，亦可根据史材，加以订补。因其如此，所以作史者可以放大胆，实行其提要钩玄，而不必有所顾虑。从前并史料和作成的史籍为一谈，一部书修成后，其所根据的材料，即多归于散佚。此亦系为物力所限，今后印刷术发达，纸墨价格低廉，此等状况可望渐变。作史的人觉其可惜，未免过而存之，往往弄得首尾衡决，不成体例；而过求谨严，多所刊落，确亦未免可惜。知章氏之说，就可以免于此弊了。章氏此种见解，实可谓为史学上一大发明。其他精辟的议论还多，然其价值，都在这一发明之下。

第五，史材务求详备，作史则要提要钩玄。这在现今的史学家，立说亦不过如此。然则章学诚的意见，和现在的史学家有何区别呢？的确，章学诚的意见，和现在的史学家是无甚异同的。他的意见，和现代的史学家只差得一步。倘使再进一步，就和现在的史学家相同了。但这一步，在章学诚是无法再进的。这是为什么呢？那是由于现代的史学家，有别种科学做他的助力，而章学诚时代则无有。现代史学的进步，可说所受的都是别种科学之赐。史学所要明白的，是社会的一个总相，而这个总相，非各方面都明白，不会明白的。要求各方面都明白，则非各种科学发达不可。所以现在史学的发达，实得力于各种专门史的竞出。各种专门史日益进步，而普通史乃亦随之而进步。专门史，严格论起来，是要归入各科学范围之内，而不能算入史学范围内的。所以说史学的发达，是受各种科学之赐。然则各种专门史发达达于极点，普通史不要给它分割完了吗？不。说明社会上的各种现象，是一件事；合各种现象，以说明社会的总相，又是一件事，两者是不可偏废的。社会是整个的，虽可分科研究，却不能说各科研究所得的结果之和，就是社会的总相。社会的总相，是专研究一科的人所不能明白的。倘使强作说明，必至于鲁莽灭裂而后已。所以各种科学发达，各种专门史日出不穷，普通史，即严格地完全属于史学范围内的历史，只有相得而益彰，决不至于无立足之地。史材要求详备，作史则要提要钩玄，是了，然史材要求详备，不过是求作史根据的确实；而各项史材，非有专门家加以一番研究，为之说明，是不能信为确实的。详备固然是确实的一个条件，然非即可该确实之全，所以非有各种科学以资辅助，史学根据

20

的确实，亦即其基础的坚固，总还嫌其美中不足；而其所谓提要钩玄的方法，亦不会有一客观的标准，倘使各率其意而为之，又不免要聚讼纷纭，莫衷一是了。所以章学诚高尚的理想，必须靠现代科学的辅助，才能够达到。所以说：他和现代的新史学，只差了一步，而这一步，却不是他所能达到的。这不是他思力的不足，而是他所处的时代如此。如以思力而论，章氏在古今中外的史学界中，也可算得第一流了。

思想的进步，是因乎时代的。第一阶段，只觉得史料散佚得可惜，所以其所注意的在搜辑、编纂。第二阶段，渐渐感觉到搜辑、编纂如何才算适当的问题，所以其所注重的史法。第三阶段，则因知识的进步，感觉到史学范围的太狭，而要求扩充，这可说是反映着学术思想的进步。第四阶段，因史籍堆积甚多，再图扩充，不免要使本身膨胀破裂，而割弃则又不可而起，虽未说及分科，然一人的才情和精力、时间，既不能兼容并包；而各个门类，以及每一门类中的各种材料，又都不容割爱，则势非提倡分科不可。所以史学若从章学诚的据点上，再行发展下去，亦必提倡分科研究；各种专门史亦必渐次兴起。不过现在既和外国的学术思想接触，自不妨借它的助力罢了。所以学问的进化，自有一个必然的趋势，而现在所谓新史学，即作为我们自己发展出来的一个阶段，亦无不可。

史学和文学，系属两事。文学系空想的，主于感情；史学

21

系事实的，主于理智。所以在人类思想未甚进步，主客观的分别不甚严密的时代，史学和文学的关系，总是很密切的，到客观观念渐次明了时，情形就不同了。天下的人，有文学趣味的多，而懂得科学方法的少，所以虽然满口客观客观，其实读起记事一类的书来，是欢迎主观的叙述的。喜欢读稗史而不喜欢读正史；在正史中，则喜欢四史等而不喜欢宋以后的历史，和其看现在的报纸，喜欢小报而不喜欢大报，正是同一理由。殊不知四史等的叙述，全以主观为主，时代愈后，则客观的成分愈多，作者只叙述事实的外形，而其内容如何，则一任读者的推测，不再把自己的意思夹杂进去了，这亦是史学的一个进步。

旧时历史的弊病何在

从前的历史，不适于现代人之用，这句话，是人人会说的，然则从前的历史，其弊病果安在呢？

提出这一个问题来，我们所回答的，第一句话，便是偏重于政治。"一部二十四史，只是帝王的家谱"这一类的话，在今日，几乎成为口头禅了。这些话，或者言之太过，然而偏重政治的弊病，是百口莫能为讳的。且如衣、食、住、行，是人生最切要的事，读某一时期的历史，必须对于这种生活情形，知道一个大概，这是无待于言的了。我们读旧日的历史，所知道的却是些什么呢？我也承认，读旧日的历史，于这一类的情形，并非全无所得。然而读各正史中的舆服志，所知者，皇帝和官员所穿的衣服，所坐的车辆而已，平民的衣着，及其所用的交通工具，却并没有记载。我们读《齐书》的本纪，知道齐明帝很有俭德。当时大官所进的御膳，有一种唤作裹蒸，明帝把他划为十字形，分成四片，说：我吃不了这些，其余的可以留充晚膳。胡三省《通鉴注》说，在他这时候，还有裹蒸这种食物，是把糖和糯米、松子、胡桃仁，合着香药做成的，把竹皮包裹起来蒸熟。只有两个指头大，用不着划成四片。见齐明帝建武三年。裹蒸的大小，无关紧要，可以不必去管它。看它所用的材料和做法，大约就是现在嘉、湖细点中胡桃糕的前身，吾乡呼为玉带糕，正是用糖和糯米粉、松子、胡桃仁制成的，不过没有香药而已。因近代香药输入，不如宋、元时代的多而美。南北朝时，还没有蔗糖，就是宋、元之间，蔗糖也远不如今日之盛，胡三省所说的裹蒸，用何种糖不可知，齐明帝所吃的裹蒸，则所用的一定是米、麦糖，米、麦糖所制的点心，不甚宜于冷食，所以大官于日食时进之，等于现在席面上的点心；后来改用蔗糖，就变成现在的胡桃糕，作为闲食之用了。又据《南史·后妃传》：齐武帝永明九年，诏太庙四时祭荐其先人所喜食之物。其中荐给皇帝的，有起面饼一种。胡三省《通鉴注》说："起面饼，今北人能为之。其饼浮软，以卷肉啖之，亦谓之卷饼。"这似乎就是现在山东薄饼的前身。胡氏又引程大昌的话，说起面饼系"入教面中，令松松然也。教，俗书作酵"。然则在宋、元间，南人食面，尚不能发酵。面饭不发酵则不松美，我们观此，颇可知古代北方虽多产麦，而北

24

人仍以稻米为贵，近代则不但北人喜食面，即南人嗜面的亦渐多的原因。这两件事，我们自谓读史钩稽，颇有所得，然亦只是一鳞一爪而已。南北朝时，裹蒸究竟是较普遍的食品，还是帝王贵人所专享？发酵之法，究竟发明于何时，如何普及于南方？我们都茫无所知。然则我们读史，虽可借零碎材料，钩稽出一些史实来，然毕竟知之不详。这就不能不追恨当时的史家所记太偏于政治，以致别种情形只能因政治而附见了。我们虽能知道秦代的阿房宫、汉代的建章宫宏大壮丽的情形，因而略知当时的建筑技术，然究不能知秦、汉时代普通的民居如何，其弊亦正在此。所以说旧史偏重政治的弊病，是百口莫能为讳的。

偏重政治的弊病，果何从而起呢？这有一个很深远的原因在内。人类的做事，是有惰性的，没有什么新刺激，就只会模模糊糊，一切都照旧做去。古代国家，不过现在一县大，所谓国君，仅等于现在的县令，大夫略如乡、镇长，士则保、甲长之类而已，他们又都是本地人，所行的政治，自然能有影响及于社会。到后世，就远不是这一回事了。君门万里，出必警跸清道，君和民终身没有见过一面。康有为的《欧洲十一国游记》说：人们凡事，都易循其名而不察其实，如听见外国有国王，便想象他是和中国的皇帝一样。其实，我在比国，看见它的国王从宫中步行出来，人民见他，都起立致敬，他也含笑点头答礼，比中国州县官的尊严，还相差得很多。平民于宫中之事，固毫无所知；生长深宫之君，于民间习俗，亦一无所晓。所谓礼、乐等化民之具，在古代，是行之于共见共闻之地的。如古代的乡射礼，意思便近于现在地方上的运动会。在后世，则只是君和大臣，在禁卫森严的地方，关着门去行，平民永远不曾看见，试问有何影响能及于社会？现在骂政治不好的人，总说他是纸上文章，实际没有这回事。试问，以现在行政机关的疏阔，官吏和人民的隔绝，欲求其不成为纸上文章，如何可得？所以在古代，确有一个时期，政治是社会上的重要现象；社会上的大事，确可以政治上的大事为其代表；后世则久已不是这么一回事了。而人们的见解，总还沿袭着旧时，把后世的政治，看得和小国寡民的时代一样。譬如现在，我们看报，看人家往来的信札，往往叙述社会现象之后，总有"未知当局者何以善其后也"一类的话，其实考其内容，其事都绝非政治所能为力的。然而这种见解，并不是不读书没有见识的人才如此，即号为读书明理的人亦往往如此；其中少数杰出的能重视现实的人，虽明知其不然，然亦为旧观念所牵率，见之不能晶莹，于是古代历史偏重政治，后世亦就相沿不变了。这是社会科学上一个深切的弊病，现在议论起来，虽似乎大家能知其弊，到实际应用，又往往阴蹈之而不自知，怕一时很不容易彻底除去。

　　既然偏重政治，则偏重战事和过度崇拜英雄之弊，必相因而起。因为战事总是使政治发生显著的变化的，而在政治上、军事上能得到成功的人，亦总易被众人认为英雄之故。不错，战事确是能使社会起重大的变化的。然而要明白一件事，总得能知其原因结果，然后可谓之真明白。旧史所记的战事，往往只是战事而已，于其原因如何，结果如何，都茫无所及。便是对于战事胜败的原因、结果，亦往往说不出来。此等记载，试问知之竟何所用？"英雄造时势，时势造英雄"，这两句话，到现在，还有视为难于论定的。其实所谓英雄，不过善于利用时势而已。一个社会，到危急存亡的时候，能否有英雄出来，全看这社会的情形如何，如能否造就英雄？有时候，能否大家崇拜他，听他的指挥，把反对他的人压伏下去？这些，都是英雄能否出现的条件，而决不是有无这样的人出生与否的问题，这是明白无疑的事。英雄造时势一语，如何能与时势造英雄并列呢？过分偏重军事，则易把和平时代跳过了，如讲生活学的人，只知道突变，而不知道渐变，这个能算懂得生物学吗？过分崇拜英雄，则易于发生"利人济物非吾事，自有周公孔圣人"和"啸吟风月天容我，整顿乾坤世有人"的思想。大家觉得只要有一个英雄出来，就一切问题都解决了，而忘却自己应负的责任。其肯负一些责任的，又容易模仿不适宜于时代的人物，甚而至于妄自尊大，陷于夸大狂的样子。

还有，借历史以激励爱国家、爱民族之心，用之太过亦有弊。不错，爱国家、爱民族，是确有其理的；而借历史以激励爱国家、爱民族之心，亦确是一个很好的办法。然而天下事总有一个适当的限度，超过这限度，就不是真理，而是出于矫揉造作的了，其事就不免有弊。这在欧洲，19世纪后半期各国的历史，都不免有此弊，而德国为尤甚。亚洲新兴的日本，此弊亦颇甚。中国人偏狭之见，较之德、日等国，可谓相差甚远，然亦不能绝无。中国人之有此弊，是起于宋以后的。民族主义，原因受异族的压迫而起，中国自宋以后，受异族的压迫渐次深了，所以民族主义亦渐次勃兴，这固是题中应有之义。然感情与理性，须相辅而行，偏重感情，抹杀理性，就糟了。如中国宋以后盲目地排外之论，是很足以偾事的。近代和西洋人交涉的初期，即颇受其弊。而日本人在明治的初年，亦几受其弊，幸而尊王攘夷之论，一转而为变法维新，否则日本在此时，可以激成很大的惨祸的，虽然不至于亡国。朝鲜国比日本小，而其受宋学末流的影响却深，就竟尔暂时酿成亡国的惨祸了。大抵民族主义误用的弊病有两种：（一）是把本族看得过高，如德、日两国，即犯此弊。（二）则把异族看得太低，如中国人总说蛮夷不知礼义，甚至比之于犬羊便是。这两者之弊，都由昧于事实的真相而起。昧于事实的真相，唯有求明事实的真相可以救之。所以由矫揉造作的历史所致之弊，唯有用真正的历史，可以做它对症的药。

还有，借历史以维持道德的观念，也是有流弊的。这又可分为两种：其一，借历史以维持社会的正义，如朱子编《通鉴纲目》，借书法以示褒贬。书法是借一种记事的笔法，以表示对于其事的褒贬的。如某人罢官，罢得不得当的，则书曰罢某官某；如其人咎有应得的，则削去官名，但书某罢；如无好无坏的，则书某官某罢。后人又为之发明，对于历史上的人物、事迹，一一加以批评。其二，则借此激励读史者的修为，如昔人编纂名臣和名儒的言行录等，即出于此动机。此二者，骤看亦似无甚弊病，然凡事都贵求真：（一）历史上的记载，先是不确实的；（二）即使确实，而一件事情，关系极为复杂，亦断非但据其表面所能论定，而此等史事的批评家，往往仅据往史表面上的记录，其结果，多不免于迂腐或肤浅，就不徒无益于求真，而反足为求真之累了。

还有一事，在西洋受病颇深，中国却无其弊，那便是借历史以维护宗教。在西洋，所谓中世时代，历史几乎做了宗教的工具。是宗教事件则详，非宗教事件则略，而其所评论，亦多数是用的宗教家的眼光。这不但旧教，即新教亦未尝不如此，而且两教都利用历史，以为攻击的武器。中国亦未尝没有教，中国人所作的历史，如佛家所记的释迦本行、高僧事迹之类，然大家都只当它宗教中的书籍看，不把它当作历史，所以不受其害。还有一种，竟无好好的历史，而历史事迹，都依附宗教

29

书籍以传之国，如印度等，那其受病之深，更不言而喻了。

还有，存着一种以史事为法戒，即所谓前车之鉴的见解，亦足使史学深受其弊的，其说已见第一章。

现代史学家的宗旨

往史之弊既如此，所以救其弊者，又将如何？

不论什么事情，总是发生在一定的环境之内的，如其不知道它的环境，这件事就全无意义了。现在试举一个例。从前汉朝时候，有一个名将，唤作韩信。他有一次和敌人打仗，把自己的兵排在水边上，背对着水，这就是所谓背水阵，是犯兵家之忌的，因为没有退路了。后来竟打了胜仗。人家问他，他说：这亦在兵法上，不过你们不留意罢了。兵法上不是有一句置之死地而后生吗？我所用的兵，不是训练惯统带惯的，乃是临时聚集来的乌合之众，这和走到市集上，把许多赶集的人聚拢来，使之作战一样，不是置之死地，人人要想自己救命，谁肯出力死战呢？这是一件事。明朝时候，又有一个名将，唤作戚继光。他练兵最认真。著有一部书，唤作《练兵实纪》，对于练兵的法子，说得很详尽。清朝的曾国藩，本来是个书生，不懂得练兵的，他初出来练乡勇，就靠这一部书作蓝本，订定一切规则。可见戚继光这部书，对于练兵的方法说述的详尽，也可见得他对于练兵的认真了。相传当他检阅时，适逢大雨，他的兵都能植立雨中，一步也不移动，可见他训练之效。他所以南征北讨，所向有功，绝非偶然了。这又是一件事。两件事恰恰相反。在看重战术的人，一定说韩信的将才在戚继光之上，却不择兵卒而用之；在注重训练的人，则又要说韩信的战胜只是侥幸；其实都不其然。韩信生在汉初，承战国时代之后。战国时代，本来是举国皆兵的，所以在秦、汉之世，贾人、赘婿、闾左，这亦是当时所谓谪发、谪戍。谪是谴谪的意思，发有罪的人出去作战，谓之谪发；出去戍守，谓之谪戍。贾人、赘婿，都不能算有罪，然汉时亦在七科谪之列，那不过因当时重农贱商，赘婿大概是没有田产的，发他们出去当兵，免得扰累农民罢了。闾左，谓一条街巷的左半段。这是要发一条街巷里居民的一半去当兵，而古者地道尊右，把右边算上首，所以发其左半的人出去，秦时曾有此事。发出去都可充兵。韩信所用的兵，虽说没有经他训练过，然战争的教育，是本来受过的，对于战斗的技术，人人娴习，所以只要置之死地，就能够人自为战。戚继光时代，则中国统一已久，人民全不知兵，对于战斗的技艺，一无所知，若不加以训练，置之活地，尚不能与敌人作战，何况置之死地呢？若使之背水为阵，非毙于敌人锋镝之下，就要被驱入水了。所以韩信和戚继光的事，看似相反，而实则相成，若非知其环境，就无从了解其真相了。况且事实原因环境而生，若不知其环境，对于事实的性质，必也茫无所知，更何论了解其经过。然则对于史事，安可不知其环境呢？

然而我们现在，对于任何史事，总不能十分明白其环境，这是什么理由？这自然是由于记载的缺乏了。记载为什么会缺乏呢？难道向来史家，对于不知环境则不能明白其事件的真相的道理，都不知道吗？不，须知"常事不书"，为秉笔者的公例。我们现在虽追恨古人，叙述一事件时，不把他的环境说述清楚，以致我们不能了解，然使我们执笔为之，恐亦不免此弊；即使力求避免，其与古人，亦不过程度之差而已；将来读书的人，还不免要追怨着我们。这是因为著书的人，总得假定若干事实为读者所已知，而不必加以叙述，如其不然，就要千头万绪，无从下笔了。你天天记日记吗？一个朋友，忽而今天来看你；你今天忽而想到去做一件不在预算范围内的事情；这自然要记出来的。学校中的课程，个个星期是一样；吃饭、睡觉，天天是一样；那就决无逐日记载之理，至多每学期开学之初，把课程表抄一份在日记里，以后每逢变动时，再加以记载；初记日记时，把吃饭和睡觉的时刻，记下一笔，以后则逢一顿宴会、一夜失眠等事，再加以记载罢了。这就是所谓常事不书，是秉笔者不得不然的。然而社会的变迁，虽然看不见，却无一息不在进行之中。虽其进行无一息之停，却又"正明目而视之，不可得而见，倾耳而听之，不可得而闻"，正和太阳影子的移动，没人看得见一样。然而隔着一个时间再去看，就移动了许多了。社会的变迁，亦是如此，必须隔若干年代，然后看得出。然而人寿太短，所以除非生于剧变时代的人，总不觉得它有多大的变动。寻常人所觉得的变动，总是听见父辈、祖父辈，甚或是曾、高祖父辈的人所说的，这种说述的人，尚或出于传闻而不是亲见，如此，在感情上，自然不甚亲切；而且这些零碎的事实，不能通其前后而观之，则亦不过是一个一个小小的变动而已，并不觉得如何惊心动魄，把它记载下来的人，自然少了。隔了较长远的时代，再把今昔的社会一加比较，固然也觉得它有很大的不同，然而变迁的时代，业已相离很远，无从知其因变迁生出来的影响，自更无人注意及之了。所以社会的变迁，我们所知道的，怕不过百之一二，对于任何时代的情形，我们都是茫然，自然对于任何事件的环境，我们都不明白了。

不知环境，对于任何事情，总是不能明白的，以致对于任何时代，亦都不能明白，这却如何是好呢？所以现在的史学家最重要的事情，就是"再造以往"。何谓再造以往呢？那就是以往的时代，虽然已往了，我们却要综合各方面，使其时代的情形，大略复见于眼前。史事有"特殊事实"和"一般状况"之分。对于特殊事实，普通的见解，总以为时代愈接近的人，则知之愈真切，其实不然。这许多事情，往往要隔了一个相当的时期，然后渐明；再隔了一个较长的时期，然后大白的。因为许多事情，都有其内幕，而其内幕，在当时总是秘密的。局中人固不肯宣泄，更不能宣泄；局外人既不能宣泄，亦或不肯宣泄；必隔了一个时期，其材料才得出现。而且局中人无论矣，即局外人，亦免不了利害和感情上的关系，其见解总不能平允，见解既不能平允，自然所述不能真实，亦必隔了一个时期，此等关系渐成过去，其所传的材料方能真确。又有许多事情，其内幕是永不宣泄的，所谓如何如何，只是后人据其外形，参以原因、结果，推测而得，这亦非待至事后各方面的材料大略出现之后，无从推测。这种便利，都是当时的人，或其时代较为接近的人所没有的。所以特殊事实，看似当时的人最为明白，时间愈接近的人则愈明白，其实适得其反。我们来谈唐、宋、元、明时代的特殊事实，必有一部分非其时之人所知；将来的人谈现在的历史，亦必有一部分非我们所能及。至于一般状况则不然，现在的上海，物质生活是怎样？人情风俗是怎样？将来的人，无论是怎样一个专家，对于现在的上海，无论研究得如何精密，其了解的深切，总还不如现在久居上海的一个无甚知识的人。固然，他或有种种知识，为现在的老上海所不及的，然这只是多知道了若干零碎的事实，对于现在整个上海的性质的了解，决出于现在所谓老上海者之下。若使现在的上海，发生了一件特殊的事情，使将来的专家，和现在的老上海，同来猜想其原因，逆料其结果，将来专家的所言，绝不如现在老上海之近理。所以以当时的人，了解当时的事，只是苦于事实的真相不能尽知，如其知之，则其了解之程度，必出于异时人之上。这就是再造以往之所以要紧。

以往者已往矣，何法使之再现？难道能用奇秘的摄影术，使古事再见；奇秘的收音机，使古语可闻吗？照寻常人想来，除非用现代的有声电影，可以把现代的情形，留起若干来，给后人知道，以往的事，是绝然无法的了，其实不然。所谓一般状况，乃是综合各种事情而推想出来的，并不是指某一个人或某一件事。若专指一人一事，那又是特殊事实了。我们现在，有许多前人所遗留下来的重大的特殊事件，尚且不能了解其时的社会，何况但保存一二琐屑的事情呢？若说我们保存得多，则岂能把现代的情形，一一保存下来？还不如和前人一样，假定若干事物为后人所能知，则置诸不论不议之列，其为我们所逆料，以为将来之人将不能知之事，则保存一二罢了。此与前人之所为，亦何以异？至多以五十步笑百步而已。所以要以现代人之所为，省却将来的人搜辑、推测之劳，决无其事。而史家的能力，就是在于搜辑、推测的。倘使能搜辑、推测，前代的情形虽然已成过去，仍有使之再现到某程度的可能。我们现在所苦的，乃是这种材料之少，而无从据之以资推测，然此种材料虽少，我们所用的搜辑的工夫，怕比他更少。况且我们于现存材料之外，还有发现新材料的可能。

所以现代史学上的格言，是"求状况非求事实"。这不是不重事实，状况原是靠事实然后明白的，所以异于昔人的，只是所求者为"足以使某时代某地方一般状况可借以明白的事实"，而不是无意义的事实而已。所以有许多事情，昔人视为重要，我们现在看起来，倒是无关重要，而可以删除的。有许多事情，昔人视为不重要，不加记载，不过因他事而附见的，我们现在看来，倒是极关重要的，要注意加以搜辑，上章所述的裹蒸和起面饼，似乎就是一个例子。所以求状况的格言，是"重常人，重常事"，常人、常事是风化，特殊的人所做的特殊的事是山崩。不知道风化，决不能知道山崩的所以然，如其知道了风化，则山崩只是当然的结果。

搜辑特殊事实，以求明了一般状况，这是很难有刻板的方法可说的。大致说起来，亦不外乎所知者博，则所测者确，所以搜辑是最紧要的事。所搜辑的材料，大致说起来，亦可分为物质状况和社会状况二者。譬如古代的地理，和现在不同，就是自然状况有异，譬如古代的长江比现在阔，所以南北战争，长江为天险的性质较后世为甚。住宅、道路等亦然。又如考校某时代的学术思想如何，便可推测其时的士大夫，对于某种政治上的事件，怀抱何种感想？若再博考其时平民社会的情形，则又可推测其时的老百姓，对国事的态度如何？既知道士大夫和老百姓对待国事的态度，就可解释其时政治上某种事件，当局者何以要取某种措置的理由，并可评论其得失。这是举一端为例，其余可以类推。"折戟沉沙铁未销，自将磨洗认前朝"，知道古今兵器之不同，则其战术的不同，亦只是当然的结果，如风化之于山崩而已。

作史的方法

作史，似乎是研究历史的人所谈不到的，然而现在的历史，正在要重作之中，唯其知道作史的方法，才能知道研究的方法，所以作史的方法，也不可以不一谈。

历史该怎样作法呢？那在理论上是无疑义的。第一，当先搜集材料。第二，当就所搜集得的材料，加以考订，使其正确。然后第三，可以着手编纂。

史事的搜辑、订正，是永无穷期的。外行的人，往往以为"历史的材料，是一成不变的。至多（一）有新发现的事实，加一些进去；（二）旧材料不完全、不正确的，被发现了，则加以补充，加以订正，如此而已。这两者都不能多，所以历史的材料，从大体上可以说是固定的，无甚变动"。这种见解，其实是错误的。历史上的年代如此之长，事实如此之多，即使我们所搜辑的范围，和从前人一样，亦不易有完备之日。何况研究的范围，是时时变动的，无论你方法如何谨严，如何自许为客观，入于研究范围之内的，总是反映着其时代所需要。一物有多少相，是没有一定的，有多少人看，就有多少相，因为没有两个看（的人），能占同一的空间与时间。看的人没有了，就相也没有了。哲学家说："世界上没有两件相同的东西，因为至少它所占的时间或空间是两样。"然则以不同地域、不同时代的人，看起历史上的事件来，其观点如何会相同？观点不同，其所见者，亦自然不同；所觉得要补充，要删除的，自亦随之而异了。所以史学一日不息，搜辑之功亦即一日而不息。这话或者说得太玄妙些，然即使浅而言之，现代各种科学勃兴，我们从前不甚注意，不甚了解的事实，现在知其重要的何限？岂能摒诸研究范围之外？然则史学的范围，安得而不扩充？范围扩充，搜辑的工作，安能不随之而增加呢？科学的进步永无止境，史家搜辑的工作，自亦随之而无穷了。至于订正，则从前人的记载错误的，见解不正确的，浅而言之，即随处可见。此等或可说：终有订正至正确的一日，而有的或竟无法可想了，则订正亦似有穷期。其实亦不然。真正客观的事实，是世界上所没有的。真正客观的事实，只是一个一个绝不相联属之感觉，和做影戏所用的片子一般，不把它联属起来，试问有何意义？岂复成为事实？所谓事实，总是合许多小情节而成，而其所谓小情节，又是合许多更小的情节而成，如是递推，至于最小，仍是如此。其能成为事实，总是我们用主观的意见，把它联属起来的。如此，世界上安有真客观的事实？既非客观，安得云无变动？这话或者又说得太玄妙些，然而一件事实的真相，不但限于其外形，总得推见其内部，这总是人人可以承认的。如此，则因社会状况的不同，人心的观念即随之而变，观念既变，看得事情的真相，亦就不同了。譬如在从前尊信士大夫阶级的时代，看历史上的党争，或以为一方面确系君子，一方面实属小人；或以为两方面都系君子，出于误会。到现在，知道了阶级的性质，就知道无论哪一方，不会全是君子，其中真为国家、社会起见的，总不过是极少数人了。史事的订正，又安有穷期呢？搜辑永无穷期，订正永无穷期，历史的当改作，即已永无穷期，何况历史不是搜辑、考订了便算了事的，还要编纂成功，给大家看，而看的人的需要，又是随时不同的，然则历史安得不永远在重作之中呢？

以上所说的都是原理，以下且谈些具体的方法。

搜辑的对象，当分为书本和非书本二者。非书本之物，即：（一）人类的遗骸，（二）古物，（三）法俗，已如第二节所述。此当随时搜辑，其最重要的来源，为（一）考古学上的发现，及（二）各种新调查。这二者，在现在的中国，材料还不多，我们只能尽其所有，充分地加以利用。书本上的材料，则可谓汗牛充栋。一个人的研究，总有一个范围，如划定时间、地域，或择取某一事件等。在范围内的材料，自然有一个限度。但这种材料，很难断定某一部书内没有，于是每研究一个题目，就非把所有的书看遍，或看其十之七八不可，此岂人力所能及。从来著书的人，无论如何勤苦，怕也没人敢说材料的搜辑，业已一无遗漏，或者十得八九的。然而考证上的事情，往往多一条证据，少一条证据，如发现不足信的材料，抽去一条。事相即为之大变，材料的搜辑不能完全，总是史学家一个遗憾。然则如之何呢？绝对的理论上的完备，自然是不可能的，然亦总得尽我们之力，做到大体上没有遗憾的地步。如此说来，则我觉得史料汇编，在今日实为当务之急。所谓史料汇编，便是把每一个题目，无论其为时间别，或域别，或择取某事件。遍览群书，把其中有关系的，都抄录下来，注明篇名卷数或页数，及所据的版本。不同的刻本，须互相校勘，见于类书或他书所征引者亦然，所以又涉及校雠问题。此自非一二人之力所能及，当集群力，以大规模的组织行之。此即昔人编纂类书之法。中国历代，多有大类书的编纂。从魏朝的《皇览》，到清朝的《图书集成》。这能替研究学问的人，把他所需要的材料，汇集在一处，省却他自行搜辑之劳，所省下来的工夫，就可用之于研究上了，其用意实为最善，惜乎其所编纂的，都不甚佳而已。因为私人之力不及，而官修之书，又每不尽善。在现代，实在各种学问，都当以此法行之，而史家相需为尤急。论整理国故的人，总说旧学术要算一笔总账，编类书亦是算总账最好的法子。编纂史料汇编，当用前人作史抄的方法。所谓史抄，是把从前人的著作，依着我所定的条理系统，抄集下来的。不改动原文，但遇两书材料相同的，则去其重复，然亦仍须注明。如《史记》与《汉书》，《宋》《齐》《梁》《陈》《魏》《周》《隋唐》与《南》《北史》是。有一字的异同，亦须注明，无之则但注某书某篇同。有须删节处，亦须注明删节。总使人家看起来，和看原书一样。为什么必要用这种体例呢？那是因为读史总要据原始材料的；而且有许多地方，史事的真相，就是据字句推勘而得；所以字句一有变动，又要生出一番校勘之劳，这个殊犯不着，所以要一概照抄，如有意见，则另注于下。善用这种体例的，亦可以成为著作，如马骕的《绎史》，便是一个例子。罗泌的《路史》，材料实较《绎史》为丰富而可贵，如用《绎史》的体例作成，当更可贵。此种书籍，能合群力为大规模的编纂固佳，即私人亦未尝不可为。那便是：（一）择定一个题目，罄毕生之力而为之，尽其所能，做到什么地步是什么地步，其未竟之绪，则留待后人赓续。（二）或者选定若干部书，把它分门别类地抄撮起来，抄得几部是几部。这种办法，对于一个题目，固然极不完全，然使各种书籍都有人抄，而所定的门类，又大致相等，如能划一，自然更好，但恐不易办到，即亦不必勉强。则合而观之，亦不啻一完备

43

的史料汇编了。驳我的人要说道："彰明较著，一望而知为与某题目有关系的材料，固然可以集众或由有志的人汇抄。然而史学的进步，总是从众所不能见，即置之眼前，亦不能知其有何关系的材料中得来的，此岂非专家所能着手？"这话固然不错。然此乃无可如何之事。汇抄之作，原只能省众所共见的材料的搜辑，然把这种工夫，替研究者省下来，所得业已不少。外国学者著书，往往有延聘助手代其搜辑材料的，就是为此。何况专家新发现、新订正的史料，我们亦可分类抄撮呢？

考订史事的方法，外形上记载的同异，是容易见得的，只要搜辑得完备，校勘得精细。但现在所当致力的，殊不限于此。大抵原始的史料，总是从见闻而来的，传闻的不足信，人人能言之，其实亲见者亦何尝可信？人的观察本来容易错误的。即使不误，而所见的事情稍纵即逝，到记载的时候，总是根据记忆写出来的，而记忆的易误，又是显而易见的。况且所看见的，总是许多断片，其能成为一件事情，总是以意联属起来的，这已经掺入很大的主观的成分。何况还有没看见或忘掉的地方，不免以意补缀呢？这种错误，是无论何人不能免掉的，如其要免掉，那就世界上没有史事了。这还是得之于见的，其得之于闻的，则传述者又把这些错误一一加入。传述多一次，则其错误增加一次。事情经过多次传述，就无意间把不近情理的情节删除或改动，而把有趣味的情节扩大起来。看似愈传述愈详尽，愈精彩，实则其不可信的成分愈多。这还是无意的，还有有意的作伪。那便是：（一）伪造假的事实。（二）抹杀真的事实，如清朝人的烧毁书籍，改作实录，就是其例子。这是有所为而为之的。还有（三）无所为而出于游戏性质的。如东晋晚出的伪《古文尚书》，到底是何人所造，至今很难论定。程鱼门《晚书订疑》说它是游戏的拟作，其说亦颇近情理，此说如确，就是一个很好的例子了。古今来的伪书，亦可说是汗牛充栋。辨伪之法，近人论者颇多，此书为篇幅所限，不再详述。以上所述，实在还都是粗浅的，若论其精微的，则凭你一意求真，还是不能免于不确实，虽然你已小心到十二分。因为人的心理，总有一个方向，总不能接受和这方向相反的事情。所以又有许多真确而有价值的事情，为你所视而不见，听而不闻了。心理上这种细微的偏见，是没有彻底免除的可能的；就要洗伐到相当的程度，也很不容易。读《文史通义》的《史德篇》可见。史事的不足信如此，无怪史学家说"历史只是大家同意的故事"了。史学家为求真起见，在这上面，就得费掉很大的功夫。

史料的真伪，鉴别、考订得觉其大体可信了，然后我们可进而批评史事。历史上任何事件，把现在的眼光看起来，总觉得其不甚可信。明明是个大公无私的人，反说得他诈伪阴险，如往史之于王安石。明明是件深曲隐蔽之事，说来反觉得其浅显易明，这些真是随处可见。而只知其外表，不知其内容的，更不知凡几。读史者于此，往往模模糊糊，不加注意；或则人云亦云；其偶有所见的，又或痛诋古人的错误，其实此亦不然。一件事，所能看见的，总只是外形，其内容如何，总得由观察者据着外形去推测。我们该尽我们考证之所能，推测之所至，尽量地把史事的真相阐发出来。不过推测总只是推测，不能径认为事实而已。在这一点上，昔人著述的体例，未尽善处很多，实有改良的必要。

历史不但因时代而不同，其所悬拟的读者，亦各不同。各种不同的读者，而只供给他一种书，是不很适宜的。如《资治通鉴》，本意系供君主阅览；以供平民阅览，实不尽适宜。就供给一种人看的历史，也应有几种同时并行，以资参证；而作史者亦得各抒所见；这是于史学大有神益的。其好坏，最好任人评论。从前功令，定某种书为正经正史，使人把它的价值，看得特别高，这种办法颇不适宜。我们当祛除成见，平等相看，其信否的程度如何，一以我们按照严格的史学方法所评定者为断。

研究历史的方法

　　历史的性质，及其发展的经过和现在的观点，已经大略明白了，那我们就可以进而谈历史的研究方法了。

　　现在要想研究历史，其第一个条件，就是对于各种科学，先得要有一个常识。治史学的人，往往以为社会科学是紧要的，自然科学则不甚重要，实亦不然。有许多道理，社会科学和自然科学是相通的。如演变的观念，若不知道生物学，就不能知道得真确。又如治历史，要追溯到先史时代，则史家对于地质学，岂能茫无所知？这是举两端为例，其余可以类推。所以治史学的人，对于现代的科学，都不能不略知大概。否则用力虽深，也和一二百年前的人无以异了，安足称为现代的学问家？固然，各种社会科学，如政治学、法律学、经济学、人生哲学等，和史学的关系更为密切。然只能谓治史学者，对于此

47

等学科，更须有超出常识以外的知识，而不能说此外诸学科，可以并常识而不具。现在再把治史学的人所宜特别加意的几种学科，略说其关系如下：

治史学第一要留意的，就是社会学了。历史是研究整个社会的变迁的，任何一种事件，用别种眼光去解释，都只能得其一方面，唯社会学才可谓能揽其全。而且社会的变迁发展，是有一定的程序的，其现象似乎不同，其原理则无以异。明白了社会进化的法则，然后对于每一事件，都能知其在进化的长途中所具有的意义；对于今后进化的途径，自然也可以预测几分。如蛮族的风俗，昔人观之，多以为毫无价值，不加研究。用社会学的眼光看起来，则知道何种社会有何种需要，各种文化的价值，都是平等的，野蛮民族的文化，其为重要，正和文明民族一样。而且从野蛮时代看到文明时代，更可知道其变迁之所以然。所以我曾说：近代的西人，足迹所至既广，他们又能尊重科学，为好奇心所驱迫，对于各种蛮族的风俗，都能尽量加以研究，这个对于史学的裨益，实非浅鲜。因为它在无意中，替我们把历史的年代延长了，现代蛮族的情形，和我们古代的情形相像，看了它，就可追想我们古代的情形了，所以说是历史年代的延长。就是使我们的知识加几倍的广博。这亦是举一端为例，其余可以类推。

把历史的年代延得更长的，就是考古学了。史学家说：

48

"假定人类的出生，有二十四万年，我们把一日设譬，则每小时要代表二万年，每一分钟要代表三百三十三年，最古的文化，在十一点四十分时候才出现；希腊文化，离现在只有七分钟；蒸汽机的发明，则只有半分钟而已。所以通常所谓古人，觉得他和我们相离很远的，其实只是同时代的人。"这种说法，所假定的人类出生的时期，为时颇短，若取普通的说法，很有加长一倍的可能，那我们历史上的文化，更浅短得不足道了。然即此假定，亦已足以破除普通人的成见了。

自然科学中，对于历史关系最密切的，自然是地理学。这因为人类无一息之间，能不受自然的影响，而地理学是一切自然条件的总括。这种道理，在现今是人人知道的，无待再说。但在历史上，地理形势不必和现在相同，把现在的地理情形，去解释史事，就要陷于误谬了。所以治史学者，对于历史地理，不能不有相当的知识。其中最重要的，就是要知道各时代地面上的情形和现在不同的，因以推知其时的地理及于其时人类的影响和现在的不同。钱君宾四曾对我说，有意做这样一部书，这是极紧要极好的事情，然此事恐不易成。不可如从前人但偏于兵事上的研究。

治史学的人，虽不是要做文学家，然对于文学，亦不可不有相当的了解。其中（一）是训诂。这在治古史，是人人知其重要的，然实并不限于此。各时代有各时代的语言，又有其

49

时的专门名词，如魏、晋、南北朝史中之宁馨、是处、若为，《宋史》中的推排、手实、称提等都是。宁馨犹言这个。是处犹言处处。若为即如何的转音。推排是查轧的意思。手实是按一定的条件，自行填注。称提乃纸币跌价，收回一部分，以提高其价格之意。这些实该各有其专门的辞典。（二）文法，亦是如此。这个在古代，读俞樾的《古书疑义举例》可知，后世亦可以此推之。（三）普通的文学程度，尤其要紧。必能达到普通的程度，然后读书能够确实了解，不至于隔膜、误会。况且在古代，史学和文学关系较深，必能略知文学的风味，然后对于作史者的意旨能够领略。晚出《古文尚书》的辨伪，可谓近代学术界上的一大公案。最初怀疑的朱子，就是从文学上悟入的。他说：《今文尚书》多数佶屈聱牙，《古文尚书》则无不平顺易解，如何伏生专忘掉其易解，而记得其难解的呢？清朝的阎若璩，可说是第一个用客观方法辨《古文尚书》之伪的人，到他出来之后，《古文尚书》之为伪作，就无复辩解的余地了，而他所著的《古文尚书疏证》中有一条，据《胤征》篇的"每岁孟春"句，说古书中无用每字的，因此断定其为魏、晋后人的伪作。宋朝的王应麟，辑鲁、齐、朝三家《诗》，只辑得一薄本，清朝的陈乔枞所辑得的，却比他加出十倍。陈乔枞的时代，后于王应麟有好几百年，只有王应麟时代有的书，陈乔枞时代没有，不会有陈乔枞时代有的书，王应麟时代没有的，巧妇难为无米之炊，陈乔枞有何异术，而能所得的十倍于王应麟呢？那是由于古书有一种义例，为陈乔枞所知，而王应麟所不知。原来自西汉的今文经学以前，学术的传授，都是所谓专门之学，要谨守师法的。这所谓专门之学，与现在所谓专门之学，意义不同，非以学问的性质分，而以其派别分。所以师徒数代相传，所说的话，都是一样。我们（一）固可因历史上说明甲系治某种学问，而因甲所说的话，以辑得某种学问的佚文，（二）并可以因乙所说的话和甲相同，而知道乙亦系治某种学问。如是再推之于丙、丁等等，其所得的，自非王应麟所能及了。然则甲、乙、丙、丁等所说的话的相同，并不是各有所见，而所见者相同，还只是甲一个人所说的话。我们治古史，搜罗证据，并不能因某一种说法主张者多，就以为同意者多，证据坚强，这亦是通知古书义例，有益于史学的一个证据。

讲学问固不宜预设成见，然亦有种重要的观念，在治此学以前，不可不先知道的，否则就茫无把握了。这种重要的观念，原只是入手时的一个依傍，并没叫你终身死守着它，一句不许背叛。现在就史学上的重要观念，我所认为读史之先，应该预先知道的，略说几条如下：

其中第一紧要的，是要知道史事是进化的，打破昔人循环之见。有生命之物，所以异于无生物；人所以特异于他种生物，就在进化这一点上。固然，世界上无物不在进化之中，但他种物事，其进化较迟，在一定的时期中，假定它是不变的，或者尚无大害。人类的进化，则是最快的，每一变动，必然较从前有进步，有时看系退步，然实系进步所走的曲线。这种现象，实在随处可见。然人类往往为成见所蔽，对于这种真理不能了解。尤其在中国，循环的观念入人甚深。古人这种观念，大概系由观察昼夜、寒暑等自然现象而得，因为此等现象，对于人生，尤其是农、牧民族，相关最切。这其中固亦含有一部分的真理，然把它适用于人类社会就差了。粒食的民族，几曾见其复返于饮血茹毛？黑格尔的哲学，徒逞玄想，根脚并不确实，而且不免偏狭之见，有何足取？然终不能不推为历史哲学的大家，而且能为马克思的先导，就是因为他对于"历史是进化的"的见解，发挥得透彻呀！

第二，马克思以经济为社会的基础之说，不可以不知道。社会是整个的，任何现象，必与其余一切现象都有关系，这话看似玄妙，其实是容易明白的，佛家所说的"帝网重重"，就是此理。帝字是自然的意思，帝网重重，犹言每一现象，在自然法中，总受其余一切现象的束缚，佛家又以一室中同时有许多灯光，光光相入设譬，亦是此意。然关系必有亲疏，亲疏，就是直接、间接。影响亦分大小。地球上受星光之热亦不少，岂能把星光的重要，看作和太阳光相等？把一切有关系的事，都看得其关系相等，就茫然无所了解，等于不知事物相互的关系了。如此，则以物质为基础，以经济现象为社会最重要的条件，而把他种现象，看作依附于其上的上层建筑，对于史事的了解，实在是有很大的帮助的。但能平心观察，其理自明。

第三，近代西洋科学和物质文明的发达，对于史事是大有影响的。人类最亲切的环境，使人感觉其苦乐最甚的，实在是社会环境，这固然是事实，然而物质环境既然是社会组织的基础，则其有所变动，影响之大，自更不容否认。在基础无甚变动时，上层建筑亦陈陈相因，人生其间的，不觉得环境有何变动，因亦认为环境不能使之变动，于是"世界是不变的"；"即有变动，亦是循环的"；"一切道理，古人都已发现了"；"世界永远不过如此，无法使之大进步，因而没有彻底改良的希望"。这种见解，就要相因而至，牢不可破了。科学发达了，物质文明进步了，就给这种观念以一个大打击。惟物质文明发达，而人类制驭自然之力始强，人才觉得环境可以改变；且可用人类的力量使之改变，人类因限于物质所受的种种苦痛，才觉得其有解除的可能。惟物质文明发达，而社会的组织亦随之而大变，人才觉得社会的组织亦是可变的，且亦可以用人类的力量使之改变的。又因物质文明进步所招致的社会变迁，使一部分人大感其痛苦，人才觉得社会实有加以改革的必要。惟物质文明发达，才能大变交通的情形，合全球为一家，使种种文化不同的人类合同而化。惟科学发达，人才不为浅短

53

的应用主义所限，而知道为学问而学问的可贵，而为学问而学问的结果，则能有更精深的造诣，使人类的知识增加，而制驭事物之力，亦更因之而加强。人类的观念，毕竟是随着事物而变的。少所见多所怪的人，总以为西洋和东洋有多大的差异，闻见较广的人，就不然了，试将数十年以前的人对于外国的见解，和现在人的见解，加以比较便知。然不知历史的人，总还以为这小小的差异，自古即然，知道历史的人，见解就又不同了。西洋现在风俗异于中国的，实从工业革命而来，如其富于组织力，如其溺于个人的成功都是。前乎此，其根本的观念，原是无大异同的。所以近代西洋科学及物质文明的发达，实在是通于全世界划时期的一个大变。

第四，崇古观念的由来及其利弊，亦不可不加以研究的。人人都说：中国人崇古之念太深，几以为中国人独有之弊，其实不然。西洋人进化的观念，亦不过自近世以来。前乎此，其视邃古为黄金时代，其谓一切真理皆为古人所已发现，亦与中国同。而且不但欧洲，世界上任何民族，几乎都有一个邃古为黄金时代的传说，这是什么理由呢？崇古的弊病，是很容易见得的。民国三十四年之后，只会有三十五年，决不会有三十三年，然而三十四年的人，是只会知道三十三年以前，决不会知道三十五年以后的。所以世界刻刻在发展出新局面来，而人之所以应付之者，总只是一个旧办法。我们所以永远赶不上时

54

代，而多少总有些落伍，就是为此。这固然是无可如何的事，然使我们没有深厚的崇古观念，不要一切都以古人的是非为标准；不要一切都向从前想，以致养成薄今爱古的感情，致理智为其所蔽，总要好得许多。然而人却通有这种弊病。这是什么理由呢？难道崇古是人类的天性吗？不，决不。人类的所以崇古，是有一个很深远的原因的。人类最亲切的环境是社会环境，使人直接感觉其苦乐，前文业经说过了。在邃古之世，人类的社会组织是良好的，此时的社会环境亦极良好。后来因要求制驭自然的力量加强，不得不合并诸小社会而成为大社会，而当其合并之际，没有能好好地随时加以组织，于是人类制驭自然之力逐步加强，而其社会组织，亦逐步变坏，人生其间的，所感觉的苦痛，亦就逐步加深了。人类社会良好的组织，可以说自原始的公产社会破坏以来，迄未恢复。而其从前曾经良好的一种甜蜜的回忆，亦久而久之未曾忘掉。于是大家都觉得邃古之世，是一个黄金时代，虽然其对于邃古的情形并不清楚。这便是崇古主义的由来。是万人所共欲之事，终必有实现的一日的，虽然现在还受着阻碍。明乎此，则知今日正处于大变动的时代之中，但其所谓变动，必以更高的形式而出现，而非如复古主义者之所想象，这便是进化的道理。

以上所述，自然不免挂一漏万，然而最重要的观念，似亦略具于此了。社会科学，直至今日，实在本身并没有发现什么法则。一切重要观念，多是从自然科学中借贷而来的。并非说全没有，但只是零碎的描写，没有能构成条理系统。前叙循环等观念，根本是从观察无生物得来的无论矣，近代借径于生物学等，似乎比古人进步了，然亦仍有其不适用之处。无论其为动物，为人，其个体总系有机体，而社会则系超机体，有机体的条件，亦是不能适用于超机体的。如人不能恒动不息，所以一动之后，必继之以一静；社会则可以这一部分休息，那一部分换班工作，所以一个机关可以永不停滞，这便是一个例。所谓社会科学，非从感情上希望其能够如何，更非从道德上规定其应当如何，而是把社会的本身，作为研究的对象，发现其本身是如何、可以如何的问题。这便是第一章所说的学，而指导其应该如何，则只是第一章中所说的术。术是要从学生出来的，而我们自古至今，对于社会的学，实在没真明白过，所以其所谓术，也从来不能得当。一般对于社会的议论，非希望其能够如何，则斥责其不当如何，热情垄涌，而其目的都不能达到，如说食之不能获饱，试问竟有何益？社会学家说得好："社会上一切事都是合理的，只是我们没有懂得它的理。"这话深堪反省。努力研究社会，从其本身发现种种法则，实在是目前一件最为紧要的事，而这件事和史学极有关系，而且非取资于史学，是无从达其目的的，这便是史学的最大任务。

人的性质，有专门家和通才之分。在史学上，前者宜为专门史家，后者宜为普通史家。人固宜善用其所长，然亦不可不自救其所短。专门家每缺于普遍的知识，所发出来的议论，往往会荒谬可笑。这是因为一种现象的影响，只能达到一定的限度，而专门家把它看得超过其限度之故。普通史家自无此弊。然普通史的任务，在于综合各方面，看出一时代一地域中的真相，其所综合的，基础必极确实而后可，如专门的知识太乏，又不免有基础不确实的危险。所以治史学者，虽宜就其性之所长而努力，又宜时时留意矫正自己的所短，这亦不可不知。

读历史的利益何在呢？读了历史，才会有革命思想。这话怎样讲呢？那就是读了历史，才知道人类社会有进化的道理。从前的人，误以为读了历史，才知道既往，才可为将来办事的准则，于是把历史来作为守旧的护符，这是误用了历史的。若真知道历史，便知道世界上无一事不在变迁进化之中，虽有大力莫之能阻了。所以历史是维新的证佐，不是守旧的护符。惟知道历史，才知道应走的路，才知道自己所处的地位、所当尽的责任。

有人说："历史上的因果关系，是很复杂的，怕非普通人所能明白，而普通的人对于历史，也不会感觉兴味。"这话亦不尽然。今日史事的所以难明，有些实在由于因果关系的误认。譬如政治久已不是社会的原动力了，有些人却偏要说国家的治乱兴亡，全由于政治中几个人措置的得失。这种似是而非的话，如何能使人了解？如其是真实的，"现代机械的发明，到底足以使人的生活变更否？""机械发明之后，经济组织能否不随之而起变化？""资本主义，能否不发达而为帝国主义？""这种重大的变化，对于人类的苦乐如何？""现在的社会，能不革命否？"这些看似复杂，而逐层推勘，其实是容易明白的，何至于不能了解？都是和生活极有关系，极切近的事情，何至于没有兴味？

史学定义

何谓史？史也者，记事者也。此人人所能作之语也。虽然，世界之事亦多矣，安能尽记，即记亦有何益？能答是问者，则较少矣。号为学问之士，则曰：史事者，前车之鉴也。古人如何而得，则我可从而仿效之，如何而失，则我可引为鉴戒。此说似是，而稍深思，即知其非，何者？史事之有记载，亦既数千年矣，岂尝有两事真相同者。世之以为相同，皆察之不精，误以不同者为同耳，世事既实不相同，安可执古方以药今病。欧人东来而后，中国交涉之所以败坏，正坐此耳。此真不远之鉴也。不宁唯是，世运愈进，则变迁愈速。一切事物，转瞬即非其故，执古方以药今病，在往昔犹可勉强敷衍者，今则不旋踵而败矣。故以史事为前车，实最危险之道也。然则读史果何用哉？天资较高者，窥破此理，乃以学问为无用，以载籍为欺人。专恃私智，以应事物，究其极，亦未有不败者。古来不学无术之英雄，皆此曹也。然则史学果有用乎？抑无用乎？

史也者，事也。而史学之所求，则为理而非事，是何也？曰：佛家之理事无碍观门言之矣。事不违理，故明于理者必明于事，然则径求其理可矣，何必更求其事。曰：此则理事无碍观门又言之矣。事外无理，故理必因事而明。然则明于事者，亦必能知理。明于事理，则不待讲应付之术，而术自出焉。犹欲制一物者，必先知其物之性质，苟深知其物之性质，则制造之法，即可由之而定也。夫明于事，则能知理者，何也？请就眼前之事物思之，物之接于吾者亦多矣，习见焉则不以为异，不复深求其故。苟一思之，则此事之所以如此，彼事之所以如彼，无不有其所以然。偶然者，世事之所无，莫知其然而然，则人自不知之耳。一切事物如此，社会何独不然，中国之社会，何以不同于欧洲；欧洲之社会，何以不同于日本，习焉则不以为异，苟一思之，则知其原因之深远，虽穷年累世，犹未易明其所以然也。一切学问之所求，亦此所以然之故而已矣。两间之事物甚繁，而人类之知识有限，学问于是乎有分科。史之所求，以人类社会为对象，然则史也者，所以求明乎人类社会之所以然者也。

然则史也者，所以求知过去者也，其求知过去，则正其所以求知现在也。能知过去，即能知现在；不知过去，即必不知

60

现在，其故何也？曰：天地之化，往者过，来者续，无一息之停。过去现在未来，原不过强立之名目。其实世界进化，正如莽莽长流，滔滔不息，才说现在，已成过去，欲觅现在，唯有未来，何古何今，皆在进化之长流中耳。然则过去现在未来，实为一体，不知过去，又安知现在，真知现在，又安有不知将来者邪？

世事之所以然，究竟如何？不可知也。然既从事研求，则必有其见地，所见虽未必确，固不妨假定为确，使所假定者而果确焉，此即社会演进之真理也。事不违理，非徒可以知现在，抑亦可以测将来矣。吾曹今日，于此虽尚无所知，然其所研求，则正此物也。故史也者，所以求社会演进之法则也。

欲明进化之定则，必知事物之因果，然今古之界，既系强分，彼此之名，自然亦系强立。一事也，欲求其因，则全宇宙皆其因；欲求其果，则全宇宙，皆其果耳。夫安能尽记，抑安能遍知，史学复何由成立哉？应之曰：史也者，非一成不变之物，而时时改作焉者也。吾侪自有知识，至于今日，所经历之事亦多矣，安能尽记，然吾之为何如人，未尝不自知也。我之知我为何如人，固恃记忆而得。然则史事岂待尽记哉？亦记其足以说明社会之所以然者可矣。惟何等事实，足以说明社会之所以然，别择甚难。此则世界之历史，所以时时在改作之中，而亦今日之治史学者，所为昕夕研求，孳孳不息者也。

61

史 籍 溯 源

史学与史籍，非一物也。会通众事而得其公例者，可以谓之史学；而不然者，则只可谓之史籍。史学缘起颇迟，而史籍之由来，则甚旧也。

英儒培根氏，根据心理，分学问为三类：一曰属于记忆者，史是也；二曰属于理性者，哲学是也；三曰属于情感者，文学是也。中国四部中之史，与其所谓属于记忆者相当，可不俟论；经、子与其所谓属于理性者相当；集与其所谓属于情感者相当，虽不密合，亦姑以辜较言之也。

文学之书，自为一类，盖自二刘立《诗赋略》始。集部后来庞杂至不可名状，然追原其始，则固所以专收文学之书，《七略》中之《诗赋略》是也。范、陈二史，著诸文士撰述，皆云诗、赋、碑、箴、颂、诔若干篇。王俭《七志》犹以诗赋为文翰志；至阮孝绪《七录》，乃以文集为一部。盖缘后人学问日杂，所著之书，不复能按学术派别分类，乃不得不以人为主，编为别集也。此自后来之迁变，不害始创《诗赋略》者体例之纯。史则尚附《春秋》之末也。然则刘《略》以前，探索原理之经、子，记载事物之史，发抒情感之文，皆混而为一矣。此自古人学问粗略使然，然亦可见其时客观观念之阙乏也。故曰：史学之缘起颇迟也。云史籍之由来甚旧者：人类生而有探求事物根底之性，故必知既往，乃知现在之见解，人人有之。与其恋旧而不忍忘之情，故一有接构，辄思考究其起源；而身所经历，尤必记识之，以备他日之覆按。当其离群索居，则于宇宙万物，冥心探索；群萃州处，又必广搜遗闻轶事，以为谈助。思索所极，文献无征，犹或造作荒唐之辞，以炫人而自慰；况其耳目睹记，确为不诬，十口相传，实有所受者乎？此民间传述，所以远在书契以前；而史官记载，亦即起于始制文字之世也。

　　史官之设，亦由来已久。《玉藻》曰："王前巫而后史。"又曰："动则左史书之，言则右史书之。"《玉藻》所记，为王居明堂之礼，必邃古之遗制也。《内则》称五帝、三王，皆有惇史。而《而官》所载，有大史、小史、内史、外史、御史之分；又诸官皆有史，盖世弥降，职弥详矣。就其书之存于今者观之：《尚书》，记言之史也；《春秋》，记事之史也；《大戴记》之《帝系姓》，及《史记·秦始皇本纪》后所附之《秦

63

纪》，小史所掌之系姓也。古所谓《礼》，即后世所谓典志，亦必史官所记，唯不知其出于何职，大约属于某官之事，即其官之史所记也。古代史官之书，留诒于后世者如此。

民间传述，起源尤古，就其所传之辞观之：有出于农夫野老者，亦有出于学士大夫者。有传之未久，即著竹帛者；亦有久之乃见记载者。其所传之事，有阅世甚久者；亦有相去不远者。大抵出于农夫野志者，其辞多鄙，其事多诬；如孟子斥咸丘蒙之言是。"尧帅诸侯北面而朝之，瞽瞍亦北面而朝之，舜见瞽瞍其容有蹙"。凭空想象，稚气可笑。且横以"于斯时也，天下殆哉岌岌乎"之语，加诬孔子，的系东野人口吻。大抵古代传说，类于平话者甚多，不独野人，即士夫间亦不免。可以想见其时之人之程度也。出于学士大夫者，其辞较雅，其事较确。传之久始著竹帛者，其失实多；而不然者，其失实少。如《管子》"大匡""中匡""小匡"篇述管仲事，有可信者，有极悠谬者，即由其或以史籍为据，或出辗转传述也。所传之事，出于近世者，多系人事，其出于荒古者，则不免杂以神话，太史公谓百家言黄帝，其文不雅驯，盖即如此。谶纬荒怪之辞亦必非全无根据，盖亦以此等传说为资料也。今日读古书，固不能一一知其所出，据此求之，犹可得其大略也。

《史通》分正史为六家：一《尚书》，二《春秋》，三《左传》，四《国语》，五《史记》，六《汉书》。《史》《汉》皆出后世。《左氏》，近儒谓后人割裂《国语》为之，说若可信，《国语》则《尚书》之支流余裔耳。何以言之？《尚书》重于记言，既记嘉言，自亦可记懿行；既记嘉言懿行以为法，自亦可记莠言乱行之足为戒者也。古者设官记注，盖唯言、动二端。典礼之书，后人虽珍若球图，当日仅视同档案，等诸陈数之列，迥非多识之伦。《系世》所记，更属一家之事，故溯史职者不之久及也。至《史》《汉》出而体例大异。《汉书》原本《史记》；《史记》亦非谈、迁所自作，观《世本》之例，多与《史公书》同，则系当时史官，记注成法如此，谈、迁特从而网罗之耳。《帝纪》及《世家》《年表》盖合《春秋》及《系世》而成，《列传》出于《国语》，《史记》称列传犹曰语，如《礼志》述晁错事，曰见袁盎语中。《书》《志》出于典礼。前此不以为史者，至此悉加甄采；前此只有国别史，至此则举当日世界各国之史，合为一编；史籍至此，可谓大异于其故，盖浸浸焉进于史学矣。

史 学 缘 起

史籍非即史学，前已言之矣。然则吾国史学，果始何时乎？曰：其必始于周、秦之际矣。何以言之？

史学者，合众事而观其会通，以得社会进化之公例者也。夫合众事而观其会通，以得社会进化之公例，非易事也。必先于社会之事，多所记识；然后以吾之意，为之分类；又就各类之事，一一绸绎之而得其所以然，然后能立一公例；所积既众，则又合诸小公例而成一较大之公例焉，而史学之公例乃渐出。此非一朝一夕之功，亦非一手一足之烈，史学初萌，断不足以语此。先河后海，大辂椎轮，但求其记识搜辑，确以备他日绸绎之须，则亦可谓之史学矣。信如是也，吾必谓中国史学，起于周、秦之际，何以言之？

吾国有史，由来久矣。然其初之记识，非以供他日绸绎之资也。史官之载笔，盖如后世之胥吏；其所记识，则如后世之档案。纣之欲立微子启，则殷之大史，执简以争，此奉档案之旧例为不可违也。职是故，则珍其档案，而不忍轻弃者出焉。夏之亡也，太史终古抱其图法以奔商；商之亡也，太史向挚抱其图法以奔周，《吕氏春秋·先识篇》。则是也。儒者之"必则古昔，称先王"，《礼记·曲礼》。意亦如此。"故曰：徒善不足以为政，徒法不能以自行。《诗》云：'不愆不忘，率由旧章。'遵先王之法而过者，未之有也。"《孟子·离娄上》。此皆不脱以史籍为档案之思想，未足语于史学。又有视史事若父老相传之故事，用为鉴戒之资者：《易》曰："君子多识前言往行，以畜其德。"《诗》曰："殷鉴不远，在夏后之世。"皆此意也。此亦未足语于史学。古之能绸绎史事，求其公例者，其唯道家乎？《汉书·艺文志》曰：道家者流。盖出于史官，历记成败、存亡、祸福、古今之道，然后知秉要执本，清虚以自守，卑弱以自持。观史事而得所以自处之方，可谓能绸绎众事，得其公例矣。然于史事初无所传，此仍只可谓之哲学，而不可谓之史学也。《韩非子》曰：孔子、墨子，俱道尧、舜，而取舍不同，皆自谓真尧、舜。尧、舜不复生，将谁使定儒、墨之诚乎？《显学篇》。可见当时诸家，于史事各以意说，意说而不求其真，此为非史学之诚证矣。且如孔子，删《诗》《书》，定《礼》《乐》，赞《周易》，修《春秋》。古代之史籍，几无不借以传，然《春秋》之作，实以明义。《左氏》为《春秋》之传与否，姑不论，即谓《春秋》之传，亦只可谓治《春秋》者当兼明本事耳，不能谓《春秋》之作，非以明义也。尧、舜禅让，事究如何，殊难质言，孔子之亟称之，盖亦以示公天下之义耳。《孟子·万章上》所陈，盖即孔门书说也。此事予别有《广疑古篇》明之。《左氏》出于《国语》。《国语》者，《尚书》之流，其为士夫所传习，则吾所谓视如故事，资为鉴戒者耳。《战国策》者，纵衡家之书，今已亡佚之《苏子》《张子》等，见《汉书·艺文志》。盖当与相出入，以为史籍则谬矣。然则十家九流，信未有能知史学者也。

今称史书，必始《史记》。《史记》体例，实源于《世本》，前已明之。史公之作此书，意盖亦以为一家之著述，故曰："究天人之际，通古今之变，成一家之言。"司马迁《报任安书》，见《汉书》本传。其告壶遂，不敢自比于《春秋》，《史记·太史公自序》。乃其谦辞耳。然《史记》论议，率与记事别行，论赞是也，间有不然者，如《伯夷列传》之类，然较少。与孔子作《春秋》，删改旧史以明义者迥别。其言曰："述故事，整齐其史传。"《太史公自序》。则始知保存史实，以备后人之研究；与前此九流十家，但著其研究之所得者，迥不侔矣。《史记》源于《世本》，而《世本》出于战国之世，《史通》谓战国之世好事者为之。故吾谓中国史学，实始于周、秦之际也。

史不必皆史官所记，史官所记亦不必皆优于寻常人所传。然寻常人非职守所在，所记或断续无条理，又多杂以不经之谈；史官则不容如此，故古史流传，仍以史官所记为可贵。史设专职，古代盖各国皆然。参看《史通·古今正史篇》。《史记·六国表》曰：秦既得意，烧天下诗书，诸侯史记尤甚，为其有所刺讥也。诗书所以复见者，多藏人家，而史记独藏周室，以故灭，惜哉惜哉。此诗书二字，当包凡书籍言。《秦始皇本纪》诗、书与百家语对举，此处不言百家语，亦包诗书之中。周室二字，亦兼诸侯言之，乃古人言语，以偏概全之例，非谓是时唯周室有史，更非谓诸侯之史，皆藏周室也。孔子如周，得百二十国之书，乃纬书妄语，古代简策繁重，周室安能藏百二十国之书邪？当时之史，实类后世之档案，唯官家有之，故一焚而即灭。《尚书》《春秋》虽借儒家之诵习而仅存；而如孟子所称晋之《乘》、楚之《梼杌》等，则皆为煨烬矣，岂不惜哉。然史籍亡于周、秦之际，而史学亦肇于是时，是则可异也。岂天其哀念下民，不忍其文献之沦亡，而有以默相之邪？非也。古籍亡灭，后人悉蔽罪于始皇，其实非是。炎汉而后，更无祖龙，然各史艺文经籍志所载之书，果何往哉？则历代书籍，以社会之不克负荷而亡灭者，为不少矣。焚书之令，当时奉行如何，今不可考；然无论如何严密，谓有此一令，腹地边远皆莫不奉行唯谨，即人民亦莫敢隐藏，亦必无之事也。即史籍但藏于官中，亦非尽亡于始

69

皇之一炬。《春秋》之世，弑君三十六，亡国五十二，诸侯奔走，不得保其社稷者，不可胜数，岂能皆有向挚抱图法以适兴朝？古代系世掌于小史；《周官》。而秦、汉以后，公卿大夫，至于失其本系，唐柳芳语，见《唐书·柳冲传》。可见列国互相兼并之日，即其史记沦于兵燹之时。始皇所焚，亦其仅存者耳。夫物，完具则人莫以为意，散佚则思搜辑之者起焉。周、秦之际，实学术昌盛之时。而亦史籍沦亡之世，故悯其残缺而思搜辑之者多也，非天也，人也。

史学之家，自汉以后，盖日益众盛。然记事为史官专职，计书亦辐辏京师，《汉仪注》：天下计书，先上太史公，副上丞相，序事如古《春秋》。见《汉书·司马迁传注》引如淳说。盖太史为天子掌文书，故以正封上之也。故其能斐然有作，以诒后人者，必其能绸金柜、石室之书，居东观、兰台之署者也。然材料虽取自公家，述作实为私家之业。史谈执手，勤勤以继志为言；而史迁著书，亦欲藏之名山，传之其人；班固欲撰《汉书》，乃以私改《史记》获罪，概可知矣。自是以后，作《后汉书》者有范晔，作《三国志》者有陈寿，作《宋书》者有沈约，作《齐书》者有萧子显，作《梁书》《陈书》者有姚思廉，作《魏书》者有魏收，作《北齐书》者有李百药，作《周书》者有令狐德棻，作《南史》《北史》者有李延寿，虽其撰述多奉诏敕，然其人必史学专家，或父子相继。此特就今日立于学官者言之耳；此外作而不著，著而不传者何限，亦皆私家之业也。至唐开史馆，集众纂修，而其局乃一变。集众纂修，论者多以为诟病；然史籍降而愈繁，网罗既非国家不能，整齐亦非私家所及，其不得不出于此，亦势使然矣。此其所以虽为世所诟病，而后世修史，卒莫能易此局也。此盖史学益昌，故其撰述遂为私家所不克胜，亦不可谓非史学之进步矣。

史部大略（上）

中国以史籍之富闻天下，乙部之书亦可谓汗牛充栋矣。抑犹不止此，前人之去取，不必尽符乎后人：盖有昔人以为当属史部，而今则摒诸史部之外；昔人以为无与史部，而今则引诸史部之中者矣。然则居今日而言史学，虽谓一切书籍皆史料可也，史之为业，不亦艰巨矣乎？然合诸书而陶冶之，非旦夕间事也。史部分类，历代不同，今亦未暇遍征，但举清代《四库书目》史部分类之法如下，取其最后出也。

史部之中，昔人所最重者，厥唯正史。正史之名，昉见《隋志》；宋时定著十有七；明刊监版，合《宋》《辽》《金》《元史》为二十一；清定《明史》，增《旧唐书》《五代史》为二十四；民国又加柯劭忞之《新元史》为二十五，此功令所定也。功令所定，必仍原于学者之意。读《史通》最可见之。《史通》所谓六家，盖刘氏所认为正史；其二体，则刘氏以为可行之后世者。故今正史篇所举，以此为限。其杂说所举十家，则刘氏所谓非正史者也。同一史也，何以有正与非正之分？此则当观于马端临氏之论矣。

马氏《文献通考》叙曰：《诗》《书》《春秋》之后，唯太史公号称良史，作为纪传书表，纪传以述理乱兴衰，八书以述典章经制。斯言也，实昔时学者之公言也。夫史事不可胜穷也，人类生而有求是之性，与夫怀旧而不忍忘之情，前既言之。故文化愈高，则思就身所经历，记识之以遗后人者愈众，而史部之书遂日繁。书既繁，则不得不分别孰为最要，孰为次要。理乱兴衰，典章经制，盖昔时学者，所共认为最要之事者也。记理乱兴衰，而以时为纲，是曰编年；以人为纲，是为纪传；表亦有时可用。以事分类，是曰纪事本末。记典章经制，而限于一代者，为断代史之表志；通贯历代者，则为通史之表志及《通典》《通考》一类之政书。此四者，以昔时学者之见衡之，实皆可谓之正史。特功令所定，不如是之广耳。功令所以专取一体者，则以学者诵习，为日力所限故也。

史部
- 正史
- 编年
- 纪事本末
- 别史
- 杂史
- 诏令奏议
- 传记
  - 圣贤
  - 名人
  - 总录
  - 杂录
  - 别录
- 史钞
- 载记
- 时令
- 地理
  - 总志
  - 都会郡县
  - 河渠
  - 边防
  - 山川
  - 古迹
  - 杂记
  - 游记
  - 外记
- 职官
  - 官制
  - 官箴
- 政书
  - 通制
  - 典礼
  - 邦计
  - 军政
  - 法令
  - 考工
- 目录
  - 经籍
  - 金石
- 史评

74

今俗所谓正史，专指《史》《汉》一类之书，此特就功令所定立名。若就体裁言之，则当称为表、志、纪、传体。世家，自《汉书》以下不用，《五代史》称十国为世家，实亦与《史记》之世家不同物也。此体昔人亦但称为纪传体，以昔时读史，知重表志者较少。史公之书，本为通体。《汉书》而下，乃皆变为断代者，读《史通》之《六家篇》，可以见之。盖自汉以来，每易代必修前代之史，几若习为故事。而搜集编纂，皆范围狭则易精。刘知几时，史籍尚少。故此体之复重、矛盾，皆非所忌。至于清世，则史书益多，而史文烦冗，又非前代之比，故章实斋又力排断代，而称通史之全。此自时代为之，彼此不必相非也。梁武帝敕撰《通史》六百二十二卷，又魏济阴王晖撰《科录》二百七十卷，亦通史体，皆见《史通·六家篇》，其书皆不行，郑樵生于载之后，排班固而祖马迁，《通志》之主张，实能自圆其说，然《二十略》外，亦无人过问。盖通史之作，意在除去复重。然同异即在复重之中，考据之家，一字为实；又欲考史事，宜据原书，新书竞陈，势必舍新而取旧，具兹二义，通史之作，即诚突过前贤，犹或见弃来哲。况乎卷帙过巨，精力虽周，众纂则取诮荒芜，独修则贻讥疏漏。安得不如子玄所云今学者宁习本书，怠窥新录邪？此体之长，在于有纪传以详理乱兴衰，有表志以详典章经制，昔人所重两端，盖惟此体为能该备。若取编年，则于二者有所偏阙矣。故编年、纪传，自古并称正史；观《史通·古今正史篇》可知。唐时三史，尚以《汉纪》与《史》《汉》并列。而后世修史，卒皆用纪传体；功令所定正史，

75

亦专取纪传也。此体之弊在于以人为纲，使事实寸寸割裂，又不能通贯历代，此不可以咎史公。史公书本通史体，其纪传或非一时之人，即为并时人，其材料各有所本，彼此关系，亦觉甚疏，初无复重割裂之弊也。《史通·列传篇》曰：编年者，历帝王之岁月，犹《春秋》之经；列事者，录人臣之行状，犹《春秋》之传。《春秋》则传以解经，《史》《汉》则传以释纪。信如所言，《五帝本纪》《夏本纪》《殷本纪》，岂不有纲而无目？凡诸列传，亦岂不多有目无纲邪？不便观览，故编年、纪事本末及"二通"《通典》《通考》。一类之政书，不得不与之并行。

编年体原起最早。孔子所修之《春秋》，固明义之书，其体裁则当沿鲁史之旧，观《公羊》引不修《春秋》，庄七年。《礼记·坊记》引《鲁春秋》，其体皆与今《春秋》同，可知也。此种史盖专记国家大事，其文体极为简严。专记国家大事，则非尽人所能知；文体过于简严，则不免干燥而无味，故其流行，远不如记言体之广。参看《史通·疑古篇》。然时固史事天然之条理，自《左氏》有作，取记言体之详尽，而按纪事体之年月编排之，遂使读者展卷之余，于各方面之情形，皆可深悉，则于一时代之大势，自易明了，以供研习，实远较纪传为优。且依时排比，可使事无复出；而记载之讹舛，亦有不待校而自明者，故作长编者，亦必有取于兹焉。此体又有二：一为温公之《通鉴》，一为朱子之《纲目》。《通鉴》专法

《左氏》，《纲目》则兼法《春秋》与《左氏》者也。论纂辑，自以《通鉴》为精；论体裁，实以《纲目》为便，此亦史体之一进步，不可不知。《通鉴》无纲目之分，检阅殊为不便，温公因之，乃有《目录》之作，又有《举要》之作，然《目录》与本书分离，检阅仍苦不便；《举要》之作，朱子与潘正叔书，议其"论不能备首尾，略不可供检问"，亦系实情。《纲目》"大书以提要，分注以备言"，则此弊免矣。《左氏》为《春秋》之传与否，予实疑之，然无意中却为史书创一佳体。运会将至，有开必先，即作伪者亦不自知其所以然也。

纪事本末，其出最晚，盖至袁枢撰《通鉴纪事本末》，而后此体出焉。所以晚出，盖亦有由，以史事愈后愈繁猥，愈繁猥，则求其头绪愈难，故删繁就简，分别部居之作，应时而出也。此体之作，最重分别部居，故必合众事为一书，乃足当之。梁任公论史学，乃立单复之名，以专记一事者为单体，则何书不可称纪事本末乎？误矣。袁氏之书，本为羽翼《通鉴》，然于无意中，乃为作史者创一佳体，以其能删繁就简，则芜秽去而精粹存；分别部居，则首尾具而因果显也。然此体以作观览之书则可，以修一代之史则不可，以零星之事，无可隶属，刊落必多；而史事关系之有无，实为天下之至赜，吾见为无关系而删之，在后人或将求之而不得也。往者议修《清史》之初，论者乃或主用是体，可谓暗于务矣。

有编年体以通观一代大势；有纪事本末体以详载一事之始

末；更有纪传体之纪传，以总核一人之生平；理乱兴衰之事，可以谓之无憾矣，然犹未也。典章经制，最宜通贯历代，马端临氏之说，固当认为不诬，见《通考序》，此《通典》《通考》，所以相继而作也。此类书搜采贵博，分类贵详，故《通考》之体例，实较《通典》为优。章实斋盛称《通志》而言《通考》为策括之伦，见《文史通义·答客问》。未为知言也。又此等书恒成于正史之后，其所搜采，多出于正史之外，足以补正史之阙而订其讹。故读正史者，亦宜资为考证，不仅供贯穿之用而已。

史部大略（下）

　　别史者，未列学官之正史也，细别之又有三：一，为正史底稿，如《东观汉记》《东都事略》是；二，修成而未列学官者，如谢承、华峤之《后汉书》是；三，后人以前人之史为不然而重作者，如宋萧常之《续后汉书》，此书乃改《三国志》，以蜀汉为正统，吴、魏为载记。清周保绪之《晋略》是，使两书并列学官，即如新、旧《唐书》，新、旧《五代史》，新、旧《元史》之例矣。又有虽非正史体，而所记之事，与正史相出入者，《四库》亦入此类，如《周书》是。此书俗称《逸周书》，或又称《汲冢周书》，皆非是。此类书与正史互相出入，故读正史时，可供参考之处最多。

　　杂史者，所记之事，亦与正史相出入，而其体例限于一时、一地者也，如《国语》是。

记一事之外形者，必推官文书为最确，诏令、奏议，皆官文书也，故以考史事，为用甚大。奏议之佳者，必能综合各方情势，娓娓言之，尤于读史者有裨。

传记一类，有当时人所撰者，亦有后人所撰者。当时人所撰者，闻见较真，自属可贵；然或不免毁誉之私，甚有因此变乱事实者，用之不可不慎。又时人所撰，苟或粗疏，事迹亦未必不误，如道宣、慧立皆玄奘弟子，而为其师作传，皆误其出游之年，即其一例。见梁任公《中国历史研究法》第五章。后人所撰，虽出掇摭，然其精密，有时转非并时人所逮，如近世考证之家，所撰昔人年谱是也。特此等书功力仅在网罗考证，其事迹终不能出于前人所留诒者之外耳。

史钞一体，看似抄撮成书，然在今日，则其为用甚大。何者？苟欲钩玄提要，取精弃粗，其于昔人之书，势必不能无所去取，然去取前人之书，一入自己口气，为之改作，原书之面目，即不可得见，两书之同异信否，又生校勘考据之劳矣。唯用史钞体者，可免此弊。今日史学趋向与昔不同，别编新史之事，势必日出无已，若能推广此体而善用之，实可为读史者省却无限精力也。又史钞本有一种专为节省后人考据之力起见才，如《新旧唐书合钞》是也。

偏隅之国，正史不能甚详，载记一门，足补其阙。非徒为割据者详其行事，于考究各地方之进化，亦深有裨焉，以偏方之地，往往为割据者所资也。

时令本不当隶史部，旧时书目，无类可归，乃强隶焉，实最无理可笑者也。或谓气候与人生关系甚大，雨旸寒燠，于政治生计文化，咸有影响，隶之史部，未为不可。然则何事于人生无关涉，复何书不可隶史部乎？故谓读史者当参考时令之书则可；谓时令之书当入史部，实不可也。以旧时分类论，毋宁入之子部天文家，为较当矣。

地理亦专门之学，然往时地理，多为史学附庸，十之八九，皆读史地理而已。总志、都会、郡县、河渠、边防、山川，读史者皆当明其大概。然昔时之书，足供此用者颇少，大抵专门考据之士，然后能取资焉。古迹、杂记、游记等，披沙拣金，往往见实，尤非初学之士所能使用。今者将普通地理，与读史地理划开。而将读史地理，撰成一简明切要、提纲挈领之书，以备初治史学者通知大要，而其余则留待专门家之取携，实相需甚殷者也。昔时初学多读《读史方舆纪要》，然此书在今日亦不甚适用。外国之事，往史亦多不详，史部地理中外纪一门，不徒记外国之地理、风俗、物产；即彼中史事及其与华夏之交涉，亦多存焉。实治外交史及外国史者，所当奉为瑰宝也。

职官一门，昉自《周礼》，《唐六典》《明清会典》，悉沿其流。国家行政，必借机关，详各官之职司，实足挈政治之纲

81

领。官箴一门，详在官之法戒，可考行政实在情形，亦足见民生利弊，尤习政治者所当究心也。

一代典章，于国政民生，所关极巨。正史表志所载，仅其崖略耳。若求详备，则政书尚焉。此中门类甚多，各视其所欲治者而究心焉可也。此为今后撰专门之史者所必资，然即为考证普通史籍计，取材亦不少矣。

目录中之经籍，赅括群书，实不仅为史学示其纲领，通观昔贤著述，最足见学术进步情形。我国今日，学术史尚乏善本，书目之佳者，实亦兼具学术史之用也。

金石一门，自宋以后，日蒸月盛，据其遗文，往往足以补正史籍；摩挲其物，又足以考见古代制作。今后考据之学日精，金石之出土者，必将更为人所贵；其所贵之物，且将不限于金石，可豫决也。然此类物既足资稻粱之谋，又足快好事之意，故伪品亦日出不穷，不可不察。

史评一门，有论史事者，亦有论史裁者。论史裁之书，佳作殊鲜，著名者，唯刘知几之《史通》，章学诚之《文史通义》耳。此事当有达识通才，区区计较于琐细之间，无当也。论史事者，高者借抒己见，或托讽时事，虽不可谓之无识，然史事之实则不然，此不可为论史之正；下者不考事实，妄发议论，则并不免于场屋策论之习矣。无已，其唯考据家之书乎，属辞比事，参互错综，事实既明，则不待多发议论，而其是非得失自见，此则于读史深有裨益者也。

史部之大略如此。此以言乎往日之史学，非谓今后之史学当以此为范围也。盖治学问必先定其界说，界说异，斯其范围异；范围异，斯其所资者自不同矣，固不容一概论也。

史家宗旨今昔异同

史也者，非一成不变之物，而时时在改作之中者也。所谓改作者，非徒曰正其误谬，补其阙略而已。盖其所取之材料，实有不同焉，而材料之不同，则因宗旨之不同而生者也。

古人作史之宗旨，不同于今人者，大端有三。

一曰偏重政治。正式之史，本出史官，而史官由国家设立。其易于偏重政治者，势也。人类之做事，恒有其惰性，前人创行焉，则后人率循而不敢越。抑不仅此，古代国小而俗朴，举一国唯在上者之马首是瞻，斯时庙堂之政令，盖诚为举国之枢机。即在后世，法出而奸生，令下而诈起，然政治之力，仍足强制在下者，使之变易其外形，所及广而收效宏，盖无逾于政治者。此自来作史者，所以于他方面皆失之忽略，而独于政治则喋喋不休也。然政治之力，虽能改易举国之外形，而其所改易，亦仅及外形而止。况于国大民众，中枢之命令，不能遍及，社会程度日高，一心听令又非古昔之比，虽欲变易其外形，或且不可得乎？试观近代，政治转移社会之力，较机械为何如乎？

一曰偏重英雄。此由古代事权，恒操于一二人之手之故，其实英雄全恃凭借，亦全恃命运，试以身所接构之人，较其成功者与败绩者，其才力相去，初不甚远可知。又英雄之称，实由庸众所赐，而庸众识力不及，往往以矫诬侥幸之徒为英雄，而真英雄转非所识。试观往史，有众所唾骂，或以为无足重轻，而今声价日增者。亦有众所归美之人，今断觉其一钱不值者。而先知先觉，眼光过于远大，与恒人相去太远者，尤易为世所缪辱。验诸并世，此等情形，尤随在可见，特人莫之察耳，以莫能察者之多，而庸众之程度可见矣。庸众之程度可见，而其所评定之英雄可知矣。即谓英雄之成功，非全侥幸，然必能利用事势，乃能成功，则确不可易。时势造英雄，盈天地间皆是。英雄造时势固非无其事，然皆世所淡漠视之者也。故真能促进社会之过程者，皆非世所谓英雄，而世所谓英雄，则皆随波逐流之徒也。

一曰偏重军事。此由外观之兴亡，每因军事而起，其实国之兴亡，由于战之胜败，而战之胜败，初不在于胜败之时，事至习见，理亦易明。时至今日，本有取人之国而不用兵者，即

85

在浅演之世，胜负专决于兵，亦不过能慑服之，使不我抗而已。真欲同化他族，使之泯然无迹，亦必别有设施，我族同化异族之事，即其佳证也。

偏重政治，偏重英雄，偏重军事，三者弊亦相因，以政治军事，古多合而为一。而握有此权者，苟遭际时会，恒易有所成就，而为世人目为英雄也。此盖往史最大之弊。自此以外，犹有五焉。

一曰用以奖励道德。其义又有二，一以维持社会之正义。如往史之讲褒贬，重激扬是。一资为立身之模范。如以善人为法，恶人为戒是也。

一曰用以激励爱国爱种族。今日之史，犹未能合全世界为一。乙部大宗，大抵一国家一民族之史也。即一国种族甚多者，亦仍以一族为主，如中国之史，以汉族为主是也。同族同国之人，其相亲爱，本已异于异族异国，况于今日种族之界限尚未能破，一民族为他族所征服，往往为之奴隶牛马，不能不思所以自保。而欲图自保，又不能无国家为利器乎？况于古代褊狭之见，又有留诒至今，未能涤除者？爱国爱族，诚未尝不可提倡，然蔽于偏见，致失史事之真，则谬矣。中西交接之初，史家此等谬误，盖未易枚举，今日读之，未见不哑然失笑者也。若乃明知非史事之真，而故为矫诬，以愚民而惑世，如日本人之所为者，则尤不足道矣。

一曰借以传播神教。教徒所作之史恒有之。试读《蒙古源流考》，观其妄援吐蕃，以为有元帝室之祖。又试读梁任公佛教初输入一篇，则见白马驮经之说，本道教徒之谰言，而其后辗转附会，转用以诋毁道教，即可知此等史迹，无一可信。然至今日，此等事仍不能免。往者梁任公撰克伦威尔传，称扬其革命之功，基督旧教所出之汇报，乃务反之。又今日奉佛之人，喜援佛经之寓言，侈陈佛之灵迹。信孔教者，亦喜引谶纬怪说，以见孔子之殊异于人。此皆予所亲见者也。其智与撰《蒙古源流考》，造白马驮经之说者何异？此等事，在今世，诚不甚多，有之亦不足惑众。然在往昔，则惑世诬民甚深。并有更无正史，欲考行事，唯有求之教中经典者矣。中国信教，不如外国之深。教徒奸乱历史亦不如外国之甚。然其崇古，亦略带迷信性质。如刘知几《疑古》《惑经》两篇，往昔论者，多诋为非圣无法是也。

一曰偏重生计。此弊旧日无之，只病视之过轻耳。今之过信唯物史观者，则颇有此弊。史事因果至为繁复，诚有如释家所谓帝网重重者，偏举一端，纵极重要，必非真相。况于戴蓝眼镜者，则所见物无一非蓝；戴黄眼镜者，则所见物无一非黄；意有偏主，读一切书，观一切事，皆若足为吾说之证，实则未足深信乎？孔子之讲大同，老子之慕郅治，所慨思者，实皆隆古部落共产之世。今日社会学者所慨慕，夫岂古人所不知，然终不谓生计制度一变，天下遂可臻于大同郅治。以社会之事，经纬万端，故非偏举一端，所可概也。

一曰偏重文学。史之源出于传述，传述之语，必求新奇可喜，感慨动人。而事之真遂因之而隐。《荷马史诗》，本类唱本者无论矣。即学者所传，亦多不免此弊。《管子》述桓公之威，北慑离枝，西臣大夏。夫离枝即后世之鲜卑，大夏极近，亦当在今山西境。齐桓盟会，晋献讫未尝与，献公死而国乱，齐桓亦未能正，安能暴师徒以征并北之远夷。《左氏》谓山戎病燕，不过在今北平境，《公羊》谓其旗获而过鲁，则并在今山东境矣，安能远及长城之外乎？此由口耳相传，致兹不谛。先秦两汉，多有此病，魏晋而降，务华饰而失真，赵宋以还，好学古而不切，近世文字，虽稍平实，然好讲史法，务求简洁雅驯，失实处仍不少也。

以上所举，皆史家之弊。至于近世，又有教育之家，因儿童不能了解，曲说史事，致失真相者。学究固非史家，生徒亦难言史学，然其人数甚多，影响颇巨，则亦不可不慎也。今日粗识之无之辈，以及耳食之徒，论三国事，无不误以《演义》为史实者，可知通俗教育，影响之大。

偏重之弊，厥有三端：一曰不重之事，易于漏略；二曰所重之事，易于扩大；无论有意无意。三曰原因结果，易于误认，而史事之真相失矣。史籍无论如何详博，断不能举天下事一一

88

记载，终不能无所去取。去取必凭史家之意，意向稍歧，而史籍之误滋多矣。此古人所以有尽信书不如无书之叹也。

今日史家，异于往昔者，有一语焉。曰：求情状，非求事实。何谓求情状非求事实。曰：梅定九氏言之矣。梅氏之言曰：历之最难知者有二，其一里差，其一岁差。是二差者，有微有著，非积差而至于著，虽圣人不能知，而非其距之甚远，则所差甚微，非目力可至，不能入算。故古未有知岁差者，自晋虞喜，宋何承天、祖冲之，隋刘焯，唐一行始觉之。或以百年差一度，或以五十年，或以七十五年，或以八十三年，未有定说。元郭守敬定为六十六年有八月，回回泰西，差法略似。而守敬又有上考下求，增减岁余天周之法，则古之差迟，而今之差速，是谓岁差之差，可谓精到。若夫日月星辰之行度不变，而人所居有东西南北，正视侧视之殊，则所见各异，谓之里差，亦曰视差。自汉至晋，未有知之者，北齐张子信，始测交道有表里，此方不见食者，人在月外，必反见食。宣明历本之，为气刻时三差，而大衍历有九服测食定晷漏法，元人四海测验七十二所。而近世欧罗巴，航海数万里，以身所经山海之程，测北极为南北差，测日食为东西差，里差之说，至是而确。是盖合数十年之积测，以定岁差，合数万里之实验，以定里差。距数愈远，差积愈多，而晓然易辨。且其为法，既推之数千年数万里而准，则施之近用，可以无惑。历至近日，屡变益精，以此。

夫史学之进步，亦若是则已矣。今日之政治，非复古代之政治也。今日之风俗，亦非复古代之风俗也。以政治、风俗之不同也。生于其间者，其所作为，与其所成就，自亦不能无异。然政治、风俗之不同，非旦夕可见者也。烝民之生虽久，而其有史则迟，大化之迁流，岂不知往事者所能睹，则以为国家社会之为物，亘古如兹。犹前剧后剧，无台初未尝更，特般演于其上之人物，有不同而已。庸有当乎？试举两事为证。

韩信之破陈余也，曰驱市人而战之，而戚继光之御众，则纪律极严，其兵至能直立大雨中而不动，读《练兵实纪》一书，犹可想见其规制之密，训练之勤焉。彼能驱市人而战之乎？使驱市人以战，而亦可获胜，继光何为纷纷然，何继光之不惮烦？然则继光之才，不逮韩信邪？非也。信距战国之世近，其民固人人能战，故劫之以势，则皆胜兵。若未习战之白徒，则务固其势，以壮其胆，犹且虑其奔北，若蹙之必死之地，彼非哗溃，则相挤入水耳。不观汉高彭城，苻坚淝水之败乎？古人所处之时不同，为尚论所不容遗，犹天文之有岁差也。

昔人之论佛也，曰：其微言不能出吾书，其诞者吾不信也。此语最中肯綮。彼教怪诞之言，论者本有两说：一以为皆实语。一则以为寓言。神教非吾侪所知，以哲理论，则后说为当矣。然则佛固诞谩，不如孔子之真实邪？须知佛所处者为印度，孔子所处者为中国，佛之说，亦印度旧说，非其所自创。犹子所雅言，诗书执礼，亦虞夏商周之旧物，非其所自为也。以印度旧说之诞诋佛，亦将以诗书礼乐之违失罪孔子乎？此与訾孔子不通梵文，佛不以华言著书何异，古人所处之地不同，为尚论所不可遗，犹天文之有里差也。

此等理，原非古人所不知，然于异时异地之情形，知之不悉，及其论事，终不免以异时异地之事，即在此时此地境界之中，犹评外国戏剧者，设想其即在中国舞台之上，其言必无一得当矣。职是故，今日史家之先务，遂与昔时大异，彼其重情状，不重事实，非吐弃事实也。其所求才，皆足以考证一时一地社会情形之事实云尔。社会之情形既明，而一切事实，皆不烦言而解矣。求明社会情形之事实如何？曰：有二。

一曰重恒人。谚曰：三军易得，一将难求。斯固然，然不知兵之勇怯，亦安知将之良否？读前所论韩信、戚继光之事可见矣。故英雄犹匠人，其所凭借之社会犹土木。非有土木，匠人固不能成室，而匠人技艺之优劣，亦视其运用土木如何耳。成一时一地之情形者，恒人之饮食男女，日用行习也。英雄犹浮屠之顶，为众所著见，不待考而明，恒人犹全浮屠之砖石，易见忽略，故非详加考察不可也。

一曰重恒事。恒事者，日常琐屑之事也。亦易见忽略，然实为大事之基。鲜卑者，东胡之裔，东胡盖古之山戎也。方其未强盛时，齐桓伐之而捷，秦开却之而克，至匈奴冒顿攻之，遂奔北逃窜，一若绝无能为者。然至檀石槐、轲比能，遂方制万里，使边郡之士夫为之盰食，何哉？蔡邕之言曰：关塞不严，禁网多漏，精金良铁，皆为贼有。汉人逋逃，为之谋主，兵马利疾，过于匈奴。证以金室初兴，厚值以市商人所携之兵甲，满清猾夏，实起抚顺之互市。而鲜卑盛强之原因，可想见矣。宁城下通胡市，后书之记此，固以见汉抚驭之略，非以著鲜卑强盛之由，而吾侪连类钩考，乃能别有所得。知风化乃知山崩，地表之变动，海岸线之升降，固不让火山之爆发，洪泽湖之陷落。不知平时，固无由知革命也。平时实渐进之革命也。

学问之道，求公例，非求例外。昔人不知各时各地情形之不同，则无论何事，皆有其不可解之处，而史事悉成例外矣。知之，则事实之形状不同，而其原理则一。汇万殊归一本，而公例斯立。此固凡学问之所同，不犹史也。

史　　材

今日史家之宗旨，既已不同于往时，即往时史家之撰述，不能尽合于今日。由史学家言之，往史之在今日，特皆史材而已。善用史材，以成合于今日之用之史，固史家所有事也。然则所谓史材才，初不限于史书，其理亦不难知矣。

史材可大判为二：一属于记载者，一属于非记载者。属于记载者又分为五：

（一）史籍，即前人有意记载，以诒后人者也。其识大识小，固因其才识境遇而不同，而其为用则一。今者瀛海交通，古物日出，此种材料，亦日增多。如研究元史，可取资于欧洲、西亚之书，旁证旧闻，或得之于敦煌石室之籍是也。此种搜采，愈博愈妙，故秘籍之表章，佚书之搜辑，实史家之要务也。

（二）史以外之记载，谓虽亦有意记载，以诒后人，然非以之为史者，大之如官府之档案，小之如私家之日记、账簿皆是。此等物，吾侪得之，固亦与昔人有意所作之史无异。然据理言之，实不容不分为二。吾谓古代史官所记，严密论之，唯左右史之所书，可称为史以此。

（三）纪功之物，如金石刻是。此等物，或仅图夸耀一时，非欲传之永久；即其传诸永久者，意亦仅主于夸耀；并有仅欲传之子孙者。如卫孔悝之鼎铭。然后人于此，却可得无数事实，其辞虽多夸耀，究属当时人亲身之记述。去其夸辞，即得其真相矣，其为用甚大。

（四）史以外之书籍，谓非有意作史，并非有意记载，以诒后人者也，如经、子、文集皆是。人与社会不能相离，故苟涉笔，虽无意于记载，社会之情形，必寓于其中。且社会之情形极繁，人能加意记述，以诒后人者，实至有限。故有许多过去之情形，在往史中不可得，转于非史书中得之者，讲古史必取材于经子；考后世之事，亦不能摈文集以此也。不独正言庄论，即寓言亦可用，如读庄子之《逍遥游》，而知其时之人，理想中之小物为鲲（鱼子），大物为鹏；读《盗跖篇》，而知其时"秀才遇着兵，有理讲不成"之情形，与今日如出一辙；读《水浒传》，而知宋、元间社会情形；读《儒林外史》，而知明、清间社会情形是也。

（五）传述，传述与记载原系一事，特其所用之具不同而已。"秦人不死，验苻生之厚诬；蜀老犹存，知葛亮之多枉。"传述之足以订正史籍者何限？抑始终十口相传，未曾笔之于书者，野蛮部落中固多；即号称文明之国，亦不少也。口相传述之语，易于悠谬而失真，第一章已言之，此诚非考订不可用，然事实固存于其间，抑考其增饰之由，观其转变之迹，而可知传述之性质，此亦一史实也。

属于非记载者，其类有四：

（一）人体，此可以考古今人种之异同。因古今人种之不同，而其迁徙之由，以及文化不同之故，均可考索矣。吾国古有长狄，三传记载，一似确有其事，而其长则又为情理所无。即谓有此长人，吾国古代，似亦不应有之。以果有此特异之人，三传而外，不应一无记载也。予尝撰《长狄考》，考定其长，不过与今欧人等，自谓颇确。然考据终只是考据，不能径以为事实。《左氏》于见杀之长狄，一一记其埋骨之处，似亦虑后人之疑惑而然。万一能按其地址，掘得其遗骸，则于人种学，于史学，皆发明匪细矣。此事诚类梦想，然吾国历代，种族之移徙及混合极多，若能多得古人遗骸，定其时代，考其骨骼，实足考种族迁移之迹，及其混合之渐也。

（二）古物，有尚存于目前者，如云冈石佛，无疑为南北朝之遗；有埋藏地下而复发现者，如郑县所得古鼎等。万人贞观，不容作伪，且其物巨大，亦不容作伪，此实三代彝器，复见于今者也。吾国地大物博，考古之学，虽不可云盛，然国民保守之性甚笃；又偏僻之区，数百千年，未经兵燹者，亦自不乏，古代遗物，实随在而有，在能搜集鉴别之耳。且不必僻远之区，吾乡有吴某者，明亡时，其祖遗衣冠一袭，亦慎藏之，以待汉族之光复。辛亥之岁，吴氏年六十余矣，无子，尝衣之，一游于市，深幸及其身，得见光复之成也。此事足以振起民族之精神，姑勿论，即其衣，亦三百年前物，较之今日裁制，出于想象模拟者，迥不侔矣。惜当时戎马仓皇，人无固志，未能访得其人，请其将此衣捐赠公家，留为永久之纪念耳。然以吾国之大，此等古物，正自不乏，大则宫室桥梁，小则衣服械器，不待发掘而可得者，正不知凡几也。

（三）图画及模型，中国人仿造古器，以供研究者绝鲜，唯贩卖古董之人，恒借是等伪器，为稻粱谋耳。以此淆乱耳目，其罪诚可诛；然古器形制，借此而存，其功亦不可没。如汉人之五铢，唐代之开元钱，今日犹得见其形制，不徒索诸谱录中，即其一例也。此等仿造之品又不可得，则得图画而观之，亦觉慰情胜无，如昔人所传之《三礼图》《宣和博古图》是也；又古物形制，有本国已亡，而转存于他国者，如寝衣之在日本是。

（四）政俗，二者本一物，特法律认之，又或加以修正，成为典章，则谓之政；而不然者，则谓之俗耳。政俗最可考见社会情形。如宜兴某乡，有丧，其家若干日不举火，邻人饮食之，客有往吊者，亦由邻家款以食宿，此必甚古之俗，当考其何自来，并当考其何以能保存至今也。政源于俗。俗之成，必有其故，一推迹之，而往昔社会之情形，了然在目矣。政俗之距今远者，往往遗迹无存，然他族进化较晚者，实足以资借镜：如观于蒙古，而可追想我族游牧之世之情形；观于西南之苗、瑶，而可追想我国古代山谷中之部落是也。

以上四者，皆非记载之物。然一切记载，自其又一方面观之，亦为古物之一，如宋、元书，观其版本，而考其时之纸、墨、刻工是也。又一实物亦有多方面，如观古之兵器，兼可知其时冶铸之术是也，此皆学者所宜留意也。

论　搜　辑

驾驭史材之法，如之何？曰：不外二途：一曰正讹，一曰补佚。二者事亦相关，何则？谬说流传，则真相隐没。苟将谬误之说，考证明白，即不啻发现一新史实，而真相既出，旧时之谬偏差自亦不辩而明也。今请先言补佚之法。

补佚之法，是曰搜辑。旧日史家非不事搜辑也，然其所谓搜辑者，大抵昔人已认为史材之物，有所缺脱而我为之补苴而已。今也不然，两间事物有记载之价值，而为昔人所未及者，一一当为之搜其缺而补其遗；而昔人已认为史材之物，其当力求完备，更不俟论也。

史事之当搜辑，永无止息之期，是何也？曰：凡著书皆以供当时人之观览，并时之情形，自为其时之人所共晓，无待更加说述，故其所记者，大抵特异之事而已，所谓常事不书也。

然大化之迁流，转瞬而即非其故，前一时代之情形，恒为后一时代之人所不悉；不知其情形，即知其时之事实亦无所用之，况其事亦必不能解乎？此则史事之须搜辑所以无穷期也。

搜辑之种类有二：（一）本不以为史材者，如郑樵作《通志》，其《二十略》虽略本前代史、志，然其《氏族》《七音》《都邑》《草木》《昆虫》五略，实为前史所无，即其例也。今日欲作新史，此等材料何限，皆不可不加以搜辑矣。（二）则向亦以为史材，而不知共有某种关系者，如茹毛饮血，昔人但以为述野蛮之状况，而不知茹毛为疏食之源，疏食为谷食之源，于饮食之进化关系殊大也。前代事实果其无复留诒，今日岂能凭空创造？虽曰可重行发现，然其事究非易也。史事所以时生新解，多缘同一事实，今昔观点之不同耳。又有范围、解释皆同前人，特因前人搜辑有所未备，而吾为之弥缝补苴者。此则旧时所谓补佚，十八九皆属此类，虽无独创之功，亦有匡矫之益也。

凡事物有既经记载、保存而又亡佚者，亦有未经记载、保存而即亡佚者。已经记载、保存而又亡佚者，又可分为二：（一）出无意，向来亡佚之书籍多此类也；（二）出有意，或毁真者使不存，或造伪者以乱真，如向来焚毁禁书及造伪书者皆是也。其未经记载、保存而遗失者，则不可胜举矣。凡今日欲知其事，而无从知之者，皆是。

然亦有业经亡失，阅时复见者：如已佚之古书忽然复见；又如意大利之庞贝，我国之巨鹿，宋大观二年湮没，民国八年发现。久埋土中，忽然复出是也。凡事物皆不能断其不再发现，故所谓阙佚者，亦只就现时言之尔。

凡搜集，必只能专于一部，或按事物性质分类，或限以时，或限以地，均无不可。欲辑某种专门史实者，于此种专门学问，必须深通，否则材料当前，正明目而视之不可得而见也。求一时代、一地方之史实者亦然，于其时、其地之语言、文字、风俗、制度、器物等，皆不可以不知。知其物矣，知其事矣，据其事、其物而追思其时之情形，而使之复现于目前，道异时、异地之情况，若别黑白而数米盐焉，此则史家之能事也已。

论　考　证

　　史事之须搜辑，永无已时，既如前章所述矣，其考证则如何？凡史事无不待考证者，何也？曰：史事必资记载，记载必本见闻，见闻殆无不误者，即不误，亦以一时一地为限耳，一也。见闻不能无误，记忆亦然；即谓不误，亦不能无脱落之处，脱落之处，必以意补之，非必出于有意。以意补之，安能无误乎？二也。事经一次传述，必微变其原形，事之大者，其范围必广，相距稍远之处，即不能不出于传闻，传闻之次数愈多，真相之改变愈甚，三也。推斯理也，史事传之愈久者，其变形亦必愈甚矣，四也。凡一大事，皆合许多小事而成，恰如影戏中之断片，为之线索者，则作史者之主观也，主观一误，各事皆失其意义，五也。事为主观所重，则易于放大；所轻，则易于缩小，六也。每有史事大小相等，因史文之异，而人视之，遂轻重迥殊者。《史通·烦省》曰：蚩尤、黄帝交战阪泉，施于《春秋》，则城濮、鄢陵之事也；有穷篡夏，少康中兴，施于两汉，则王莽、光武之事也；夫差既灭，勾践霸世，施于东晋，则桓玄、宋祖之事也；张仪、马错为秦开蜀，施于三国，则钟会、邓艾之事也。即此理。事之可见者，总止其外表，至于内情，苟非当事者自暴其隐，决无彰露之日，然当事者大抵不肯自暴者也，有时自暴，亦必仅一枝一节，即或不然，亦必隐去其一枝一节。夫隐去一枝一节，其事已不可晓，况于仅暴其一枝一节者乎？又况当事者之言，多不足信，或且有伪造以乱真者乎？更谓当事者之言，皆属真实，然人之情感、理智，皆不能无偏，当局尤甚，彼虽欲真实，亦安得而真实乎？一事也，关涉之人亦多矣，安得人人闻其自暴之语乎？七也。情感、理智之偏，无论何人皆不能免，读《文史通义·史德篇》可知。然此尚其极微者，固有甘心曲笔，以快其恩仇好恶之私；又有迫于势，欲直言而不得者矣。邻敌相诬之辞，因无识而误采；怪诞不经之语，因好奇而过存，如王隐、何法盛《晋书》有《鬼神传》，即其一例。见《史通·采撰篇》。更不必论矣。八也。事之可见，止于外形，则其内情不能不资推测，而推测为事极难。识力不及，用心过深，其失一也；即谓识解无甚高低，而人心不同，各如其面，内情亦安可得乎？九也。异时、异地，情况即不相同，以此时、此地之事，置诸彼时、彼地情形之中，谬误必不能免，前已言之。此

102

等弊，显者易知，其微者无论何人，皆不能免，十也。事固失真，物亦难免，何者？物在宇宙之中，亦自变化不已，古物之存于今者，必非当日之原形也，十一也。有此十一端，而史事之不能得实，无待再计矣。如摄影器然，无论如何逼肖，终非原形；如留声机然，无论如何清晰，终非原声。此固一切学问如此，然史主记载，其受病乃尤深也。欧洲史家有言：史事者，众所同认之故事耳。岂不信哉？为众所不认者，其说遂至不传，如宋代新党及反对道学者之言论事实是也，此等不传之说，未必遂非。

史实之不实如此，安得不加以考证？考证之法有：（一）所据之物，可信与否，当先加以审察；（二）其物既可信矣，乃进而考其所记载者，虚实如何也。

史家所据，书籍为多。辨书籍真伪之法，梁任公《中国历史研究法·史料搜集》一章，所论颇为详备。惟为求初学明了起见，有失之说杀之处耳，当知之。

凡书无全伪者，如《孔子家语》，王肃以己意羼入处固伪，其余仍自古书中采辑；又其将己意羼入处，以为孔子之言则伪，以考肃说则真矣。故伪书仍有其用，唯视用之之法如何耳。凡读古书，最宜注意于其传授。读古书者，固宜先知学术流别，然学术流别，亦多因其言而见。清儒辑佚多用此法，如陈乔枞之《三家诗遗说考》，其最显而易见者也。又据文字以决书之真伪，似近主观，然其法实最可恃，此非可执形迹以求，故非于文学有相当程度者，决不足以言此。《伪古文尚书》为辨伪最大公案，然其初起疑窦，即缘文体之异同，此两法虽亦平常，然近人于此，都欠留意，故不惮更言之也。

辨实物真伪之法，如能据科学论断，最为确实，否则须注意三端：（一）其物巨大，不易伪造者；（二）发现之时，如章太炎所谓万人贞观不容作伪者；（三）其物自发现至今，流传之迹如何。大抵不重古物之世，发现之物较可信，如宋人初重古物时，其所得之物，较清人所得为可信是也。以此推之，则不重古物之地，所得之物，亦必较通都大邑，商贾云集之地为可信。

考证古事之法，举其概要，凡有十端：设身处地，一也；谓不以异时、异地之事，置之此时、此地之情形中也。如以统一后之眼光，论封建时之事；以私产时之见解，度共产时之人，均最易误。注意于时间、空间，二也；如以某事传之某人，而此人、此时或未生，或已死，或实不在此地，或必不能为此事，即可知其说之必误。事之有绝对证据者，须力求之，三也；绝对证据，谓如天地现象等，必不可变动者。小事似无关系，然大事实合小事而成，一节模糊，则全体皆误，四也；有时考明其小节，则大事可不烦言而解，如知宋太祖持以画地图之斧为玉斧，则知以斧声烛影之说，疑太宗篡弑之不确是也。记事者之道德、学识，及其所处之境，与所记之事之关

104

系，皆宜注意，五也；关系在己者，如将兵之人自作战史；关系在人者，如为知交作传志。进化、退化之大势，固足为论断之资，然二者皆非循直线，用之须极谨慎，六也；由此推之，则当知一时代中，各地方情形不同，不可一概而论，七也；如今固为枪炮之世，然偏僻之地，仍用刀剑弓矢为兵者，亦非无之。以科学定律论事物，固最可信，然科学定律，非遂无误，又科学止研究一端，而社会情形，则极错杂，据偏端而抹杀其余，必误矣，八也；事不违理，为一切学术所由建立，然理极深奥，不易确知，时地之相隔既遥，测度尤易致误，故据物理推断之说，非不得已，宜勿用，九也；据理推断之法，最易致误，然其为用实最广，此法苟全不许用，史事几无从论证矣，此其所以难也。必不得已，则用之须极谨慎。大抵愈近于科学者愈可信，如谓刘圣公本系豪杰，断无立朝群臣、羞愧流汗之理，便较近真；谓周公圣人，其杀管、蔡，必无丝毫私意，便较难信，因其事，一简单，一复杂也。《史通·暗惑》一篇，皆论据理论事之法，可参看。其实此法由来最古。《孟子·万章》《吕览·察传》所用，皆此法也。此法施之古史最难，以其所记事多不确，时代相隔远，又书缺有间，易于附会也。昔人有为言之，或别有会心之语，不可取以论史，十也。搜采唯恐不多，别择唯恐不少，此二语，固治史者所宜奉为圭臬矣。

论论史事之法

前论考证史事之法，夫考证果何所为乎？种谷者意在得食，育蚕者意在得衣，读书稽古，亦冀合众事而观其会通，有以得其公例耳。信如是也，则论定史事之法尚矣。

史事可得而论乎？曰：难言之矣。世界本一也，史事之相关如水流然，前波后波息息相续，谓千万里外之波涛，与现在甫起之微波无涉，不可得也。故曰：欲问一事之原因，则全宇宙皆其原因；欲穷一事之结果，则全宇宙皆其结果。佛说凡事皆因缘会合而成，无自相。夫无自相，则合成此事之因缘，莫非此事，因又有因，缘又有缘，即合全世界为一体矣。所谓循环无端，道通为一也。夫如是，则非遍知宇宙，不能论一事。此岂人之所能。彼自然科学所以能成为科学者，以其现象彼此相同，得其一端，即可推其全体也。而社会现象又不能然，史事更何从论起乎？虽然绝对之真理，本非人所能知。所谓学问，本安立于人知之上，就人知以言史学，则论定史事之法，亦有可得而言者焉。

凡论史事，最宜注意于因果关系，真因果非人所能知，前既言之矣，又曰注意于其因果关系者，何也？曰天非管窥所能知也，然时时而窥之，终愈于不窥；海非蠡测所能知也，然处处而测之，终愈于不测。人类之学问，则亦如是而已，真欲明一事之因果，必合全宇宙而遍知，此诚非人之所能，就其所能而力求其所知之博，所论之确，则治学术者所当留意也。

凡事皆因缘会合而成，故决无无原因者，而其原因为人所不知者甚多，于是一事之来，每出于意计之外，无以名之，则名之曰突变。而不知突变实非特变，人自不知其由来耳。一事也求其原因，或则在数千万年以前，或则在数千万里之外，人之遇此者，则又不胜其骇异，乃譬诸水之伏流。夫知史事如水之伏流，则知其作用实未尝中断。而凡一切事，皆可为他事之原因，现在不见其影响者，特其作用尚未显，而其势力断无消失之理，则可预决矣。伏生之论旋机，曰其机甚微，而所动者大。一事在各方面，皆可显出结果，恒人视之以为新奇。若真知自然，则其结果，真如月晕而风础润而雨，可以操左券而致也。而事在此而效在彼者，视此矣。造金术本欲造黄金也，乃因此发明化学；蒸汽机之始，特以省人工，便制造耳，乃使社会组织为之

107

大变，皆使读史者，不胜惊异。然若深求其因果，则有第一步，自有第二步，有第二步，自有第三步，如拾级而登，步步着实，了无可异，人之所惊异之者，乃由只见其两端，而忽略其中间耳。凡此皆可见人于因果关系，所知不多，故其识见甚粗，措施多误也。心理学家谓人之行为，下意识实左右之。其实社会亦如是，一切社会现象，共原因隐蔽难知者，殆十之八九，而有何因，必有何果，又断非鲁莽灭裂者，所能强使之转移。此社会改革之所以难，而因改革而转以召祸者之所以多也。史学之研求，则亦求稍救此失于万分之一而已。

因果之难知，浅言之，则由于记载之阙误。一物也，掩其两端，而唯露其中间，不可识也；掩其中间，而唯露其两端者亦然。天吴紫凤慎倒焉而不可知，鹤足凫胫互易焉而不可解，史事因果之难知，正此类矣。然浅言之，记载当尸其咎，深言之则考论者亦不能无责焉。何者，世无纯客观之记载，集蔍桷而成栋宇，必已烦大匠之经营也。故考论诚得其方，不特前人之记载，不至为我所误用，而彼之阙误，且可由我而订正焉，其道维何？亦曰审于因果之间，执理与事参求互证而已矣。

凡论事贵能即小以见大，佛说须弥容芥子，芥子还纳须弥，事之大小不同，其原理则一。故观人之相处，猜嫌难泯，而军阀之互相嫉忌，不能以杯酒释其疑可知矣。观人之情恒欲多，至于操干戈而行阴贼而不恤，而资本主义之国恃其多财，以侵略人者，断非可缓颊说谕，以易其意，审矣。诸如此类，难可枚举。要之小事可以亲验，大事虽只能推知，故此法甚要也。

自然现象所以易明，而社会现象则不然者，以彼其现象，实极简单，而此则甚复杂也。职是故，史事决无相同者，以为相同，皆察之未精耳，然亦无截然不同者，故论史事，最宜比较其同异，观其同中有异，异中有同，则不待用心而自有悟入处矣。凡论史最忌空言，即两事而观其异同，就一事而求其因事义理，皆自然可见，正不待穿凿求之也。

凡事皆因缘会合而成，则无自性。无自性则所谓环境者，仅假定之，以便言说思虑，实则与此事一体也。然则论一事，而不知环境，实即不知此事矣。故论史事，搜考宜极博。又凡一事也，设想其易一环境当如何？亦最足明其事之真相也。设想使人育于猿当如何？便可知人之知识，何者得诸先天，何者得诸后天。又试设想，使中国移居欧洲，欧洲人移居中国，当如何？便可知人与地理之关系。

史事论次之难如此，则知是非得失，未易断言而不可轻于论定。且如汉武之通西域，当时论者恒以为非，吾侪生二千年后，或徒歆其拓地之广，不能了解其说，然试一考当时之史实，则汉武之通西域，本云以断匈奴右臂。然其后征服匈奴，何曾得西域毫厘之力，徒如《汉书》所云汉忧劳无宁岁耳。

109

当时人之非之，固无足矣。然试更观唐代回鹘败逋，西域至今为梗，则知汉代之通西域，当时虽未收夹击匈奴之效，然因此而域之守御甚严，匈奴溃败之后，未能走入天山南北路，其为祸为福，正未易断言也。梁任公《中国历史研究法·史迹之论次》一章论汉攻匈奴，与欧洲大局有关，其波澜可谓极壮阔，其实何止如此，今日欧洲与中国之交涉，方兴未艾，其原因未必不与匈奴之侵入欧洲有关，则虽谓汉攻匈奴，迄今日而中国还自受其影响可也。史事之论断，又何可易言乎？塞翁失马，转瞬而祸福变易，阅世愈深而愈觉此言之罕譬而喻矣。

史事果进化者乎？抑循环者乎？此极难言者也。中国之哲学思想主于循环，欧洲则主于进化。盖一取法于四时，一取法于生物。两者孰为真理，不可知。主进化论，宇宙亦可谓之进化，今之春秋，非古之春秋也。主循环说，进化亦可谓系循环中之一节，如旧小说谓十二万年，浑混一次，开辟一次，后十二万年中之事与前十二万年同是也。十二万年在今之主进化论者视之，诚若旦暮然。即十二万年而十百千万之，又孰能断言其非循环乎？人寿至短，而大化悠久无疆，此等皆只可置诸不论不议之列耳。以研究学术论，则进化之说较为适宜，何者？即使宇宙真系循环，其循环一次，为时亦极悠久，已大足以供研究，人类之研究，亦仅能至此，且恐并此而亦终不能明也，又何暇骛心六合之表乎？

进化之方面，自今日言之，大略有三：一曰事权自少数

110

人，渐移于多数，此自有史以来，其势即如是，特昔人不能觉耳。一君专制之政，所以终于倾覆，旧时之道德伦理，所以终难维持，其真原因实在于此。自今以后，事权或将自小多数更移于大多数，浸至移于全体，以至社会组织全改旧观，未可知也。二曰交通之范围日扩，其密接愈甚，终至合全世界而为一，此观于中国昔者之一统而可知。今后全世界亦必有道一风同之一日，虽其期尚远，其所由之路，亦不必与昔日同，其必自分而趋合，则可断言也。三曰程度高之人，将日为众所认识，而真理将日明。凡读史者恒觉古人之论人宽，而后世则严。宋儒创诛心之论，纯王之说，几于天下无完人，三代而下无善治，久为论者所讥弹。然试一察讥弹者之议论，其苛酷殆有甚于宋儒，且不待学士大夫，即间阎市井之民，其论人论事，亦多不留余地。此有心人所为慨叹风俗之日漓也。其实亦不尽然。此亦可云古人之论事粗，后人之论事精，天下人皆但观表面，真是非功罪何时可明，有小慧者何惮而不作伪以欺人。若全社会之知识程度皆高，即作伪者无所雠其欺，而先知先觉之士，向为社会所迫逐所诛夷者，皆将转居率将之位，而社会实受其福矣。凡此三者，皆社会进化之大端，自有史以来，即已阴行乎其间。昔时之人，均未见及，而今日读史之士，所当常目在之者也。

史学演进趋势

史学演进，可分四期：（一）觉现象有特异者，则从而记之，史之缘起则然也。（二）人智愈进，则现象之足资研究者愈多，所欲记载者乃愈广，太史公欲网罗天下放失旧闻，其机即已如此。至于后世，而其范围亦愈式廓矣。凡事皆有其惰力，后世史家，尽有沿袭前人，不求真是者，章实斋所讥，同于科举之程式，官府之簿书者也。然以大体言之，所搜求之范围，总较前人为广，即门类不增，其所搜辑，亦较前人为详。《通志·总序》曰：臣今总天下之学术，条其纲目，名之曰略，凡二十略，百代之宪章，学者之能事，尽于此矣。即此思想之代表也。（三）然生有涯而知无涯，举凡足资研究之现象，悉罗而致之，卒非人之才力所堪也，于是苦史籍之繁，而欲为之提要钩玄者出焉。郑樵即已有此思想，至章学诚而其说大昌。樵谓凡著书者，虽采前人之书，必成一家之言。学诚分比次与独断为二类，记注与著述为二事，谓比次之书，仅供独断之取裁，考索之案据。"事万变而不穷，史文当屈曲而适如其事。""纤悉委备，有司具有成书，吾特举其重且大者，笔而著之。"即此等思想之代表。然史籍之委积，既苦其研之不可胜研矣；更欲以一人之力，提其要而钩其玄，云胡可得？目不两视而明，耳不两听而聪，涉之博者必不精，将见所弃取者，无一不失当耳。（四）故至近世，而史学之趋向又变。史学趋向之更新，盖受科学之赐，人智愈进，则觉现象之足资研究者愈多，而所入愈深，则其所能研究者亦愈少。学问之分科，盖出于事势之自然，原不自近世始；然分析之密，研究之精，实至近世而盛；分科研究之理，亦至近世而益明也。学问至今日，不但非分科研究不能精，其所取资，并非专门研究者不能解。于是史学亦随他种学问之进步，而分析为若干门，以成各种专门史焉。然欲洞明社会之所以然，又非偏据一端者所能，则又不得不合专门史而为普通史，分之而致其精，合之以观其通，此则今日史学之趋向也。

恒人之见，每以过而不留者为事，常存可验者为物。研究事理者为社会科学，研究物理者为自然科学，此亦恒人之见耳。宇宙唯一，原不可分，学问之分科，不过图研究之利便，既画宇宙现象之一部，定为一科而研究之，则凡此类现象，不论其为一去无迹，稍纵即逝，与暂存而不觉其变动者，皆当有事焉。此各种科学，所以无不有其历史，亦即历史之所以不容不分科也。然则史不将为他种科学分割以尽乎？是又不然，宇宙本一，画现象之一部而研究之，固各有其理，合若干科而统观之，又自有其理。此庄子所谓"丘里之言"，初非如三加三为六，六无所余于两三之外也。故普通史之于专门史，犹哲学之于科学。发明一种原理，科学之所有事也；合诸种原理而发明一概括之原理，哲学之所有事也。就社会一种现象，而阐明其所以然，专门史所有事也；合各种现象，而阐明全社会之所以然，普通史之所有事也。各种学问，无不相资，亦无不各有其理，交错纷纭，虽非独存，亦不相碍，所谓帝网重重也。且专门家于他事多疏，其阙误，恒不能不待观其会通者之补正，史学又安得为他科学所分割乎？有相得而益彰耳。然则将一切史籍，悉行看作材料，本现今科学之理，研究之以成各种专门史，更合之而成一普通史，则今日史学之趋向也。

史学能否成为科学，此为最大疑问。史学与自然科学之异有四：自然现象，异时而皆同，故可谓业已完具。史事则不然，世界苟无末日，无论何事，皆可谓尚未告终，一也。自然现象，异地而皆同，故欧洲人发明之化学、物理学，推之亚、非、澳、美而皆准。史事则不然，所谓同，皆察之不精耳。苟精察之，未有两事真相同者也。然则史事之当研究者无限，吾侪今日所知史事诚极少，然史事即可遍知，亦断无此精力尽知

114

之也，二也。自然现象既异时异地而皆同，则以往之现象，不难推知。而材料无虞其散佚。史事则又不然，假使地球之有人类，为五十万年，则所知弥少矣。而其材料，较诸自然科学所得，其确实与否，又不可以道里计也，三也。自然科学所研究之物，皆无生命，故因果易知。史事则正相反，经验不足恃，求精确必于实验，此治科学者之公言，然实验则断不能施诸史事者也，四也。由此言之，欲史学成为科学，殆不可得。然此皆一切社会科学所共，非史学所独也。社会现象所以异于自然现象者，曰：有生命则有自由，然其自由决非无限。况自然现象之单简，亦在实验中则然耳。就自然界而观之，亦何尝不复杂。社会现象，割截一部而研究之，固不如自然科学之易，而亦非遂无可为。若论所知之少，社会科学诚不容讳，自然科学亦何尝不然。即如地质学，其所得之材料亦何尝不破碎邪？故社会科学与自然科学之精确不精确，乃程度之差，非性质之异，史学亦社会科学之一，固不能谓其非科学也。

史学之用安在

史学究竟有用没有用？这个问题提出来，听者将哑然失笑。既然一种学问，成立了几千年，至今还有人研究，哪得会无用？问题就在这里了。既然说有用，其用安在？科举时代的八股文，明明毫无用处，然在昔日，锢蔽之士，亦有以为有用的。他们说：八股文亦有能发挥义理的。这诚然，然义理并不要八股文才能加以发挥，创造八股文体，总是无谓的。这并不但八股，科举所试文字，论、策外实皆无用，而论、策则有名无实，学作应举文字的，精力遂全然浪费，而科举亦不足以抡才了。然人才亦时出于其中，右科举者恒以是为解。正之者曰：若以探筹取士，人才亦必有出于其中的；此乃人才之得科举，而非科举之得人才，其说最通。所以一种无用之物，若以他力强行维持，亦必有能加以利用者，然决不能因此遂以其物为有用。可见一种事物，不能因有人承认其有用，而即以为有用；其所谓有用之处，要说出来在事理上确有可通。然则历史之用

116

安在呢？

提出这个问题来，最易得，而且为多数人所赞同的，怕就是说历史是前车之鉴。何谓前车之鉴？那就是说：古人的行事，如何而得，则我可取以为法；如何而失，则我当引以为戒。这话乍听极有理，而稍深思即知其非。天下岂有相同之事？不同之事，而执相同之法以应之，岂非执成方以治变化万端之病？夫安得而不误！他且勿论，当近代西方国家东侵时，我们所以应付之者，何尝不取鉴于前代驭夷之策，其中诚然有许多纯任感情、毫无理智的举动和议论，然就大体观之，究以经过考虑者为多。其结果怎样呢？又如法制等，历朝亦皆取鉴前代，有所损益。当其损益之时，亦自以为存其利而去其弊，其结果又怎样呢？此无他，受措施之社会已变，而措施者初未之知而已。此由人之眼光，只会向后看，而不会向前看。鉴于前代之弊，出于何处，而立法以防之；而不知其病根实别有在，或则前代之弊，在今代已可无虞，而弊将出于他途。此研究问题，所以当用辩证法也。譬如前代赋役之法不能精详，实由记账之法不能完善。明初鉴于前代，而立黄册与鱼鳞册，其记账之法，可谓细密了，然记账之事，则皆委之地主、富农之流，此辈皆与官史通同作弊之人，法安得而不坏？此为历代定法总深鉴于前代，而其结果依然不能无弊一个最深切明显之例。其他若深求之，殆无不如此。此理，方正学的《深虑论》，有些见到，但仅作一鸟瞰，粗引其端，未及详细发挥而已。所以治史学，单记得许多事实，是无用的。早在希罗多德，就说治史之任务有二：

117

（一）在整理记录，寻出真确的事实；（二）当解释记录，寻出那些事实间的理法。据李大钊在上海大学所讲演的《研究历史的任务》。希罗多德（Herodotus），希腊最早之史学家，生于公元前484年，即入春秋后之235年。而在中国，亦以为道家之学，出于史官，"历记成败、存亡、祸福"，所以能"秉要执本"了。《汉书·艺文志》。然则史学之所求，实为理而非事。"事不违理"，借用佛家语。这本无足为奇，然而问题又来了。

学问决没有离开实际的，离开实际的，只是"戏论"。亦借用佛家语。佛家譬诸"龟毛、兔角"，谓想象中有其物，而实际则无之也。譬如马克思的学说，观鉴社会的变迁，因以发明其发展之由，推测其前进的方向，而决定因应及促进之法，这自然是最有用的了。然则这种学问，究竟是从读史得到的呢，还是从身所接触的事物得到的呢？这个问题提出，我们知道：马克思虽已长往，果能起诸九泉而问之，其答语，必是说：看了被压迫阶级的苦痛，深知其与社会组织相关，然后求之于史，而知其变迁、发展之由；必非于当代之事茫无所知，但闭户读书，铢积寸累，而得一贯串全史可以用诸当代的新发明。而且他的学说，虽大成于后来，而其大体的见解，则必成立于最初之时，后来不过加以注明、补充、修改。而决无根本上的举动。这不但马克思，从古以来，在学问上有所发明的人，都系如此。此即章实斋所谓"入识最初而不可易"。虽有学问之士，当其最初之时，读书是不会多的。**然则人有所得，实系由与事物接触，而并不由于读书。**读书的死活，即分于此。知书上某一句话，系指现社会某一种现象者，所读者活书也。不知之者，所读者死书也。读活书者，似可先知现社会之某种现象，然后求之于书，亦可先知书上的某一句话，然后求之现社会。然后者必为后起的。已将书与事打成一片，然后能之，最初则必现社会之现象，对之先有所启发，然后能以书合之也。发明必因乎时会，亦由于此。因必在某种环境之中，某种现象，乃能对人有所启发。**此亦时势造英雄之理也。然则读书究有何用呢？**

答案是这样的：人识最初而不可易的，只是一个方向，一个轮廓。所谓不可易，只是这个方向不变，轮廓不误罢了。其中细节偏端，不能不借经验（一）为之证明，（二）为之补充，（三）为之修正。一个人的经验是有限的，即使随处留心，至于白首，亦仍觉其浅薄，所以不得不求之于史。史学之用，就在这里了。证明、补充、修正的工作，不必自为，亦不能皆自为。一种大发明，必借有人为之羽翼者以此。

中国有史学吗

　　说到此，就觉得旧有史学的无用。把史部的书翻开来，自然全部都是记载。为之羽翼的，则从性质上言之，大致可分为三种：（一）注释：因前人书中之名物、训诂，后人不易明了而为之说明；自隋以前，史学并有专门传授；唐初犹然，即由于此。《隋书·经籍志》说正史唯《史记》《汉书》，师法相传并有解释。《三国志》及范晔《后汉》虽有音注，既近世之作，并读之可知，可见其注释专为文义。此为注释之正宗。若裴松之之注《三国志》，广搜佚闻，则实属补充一类矣。名物、训诂，时代相近之作，虽大体易知；然一时代特殊之语，亦有相隔稍远，即不易了解者，官文书及方俗语皆有之，实亦需要解释也。（二）考证：前人书有误处，为之纠正；（三）补充：任何一部书，不能将应有的材料搜集无遗，于其所未备的，为之补足。如清人所补各史表、志即是。这种著作，往往费掉很大的精力，其成绩亦诚可钦佩，但亦只是希罗多德所谓寻出真确的事实而已；寻出其间理法之处实甚少；更不必说如马克思般，能发明社会发展的公例了。然则饱读此等书，亦不过多知道些以往的事实而已，于现在究有何用？无怪近来论者说中国史料虽多，却并不能算有史学了。这话似是，其实亦不尽然。一切书籍，从其在心理上的根据说来，亦可分为三种：即（一）根于理智的，是为学术；（二）根于情感的，是为文辞；（三）根于记忆的，是为记载。中国书籍，旧分经、史、子、集四部。经、子虽分为两部，乃由后世特尊儒学而然，其实本系同类之物，此在今日，为众所共喻，无待于言。经、子自然是属于理智的。史部之书，与属于记忆者相当，亦无待言。集部之书，多数人都以为属于文辞，其起源或系如此，但至后来，事实上即大不为然。我国学术，秦以前与汉以后，此以大致言之，勿泥。有一个大变迁，即古为专门，后世为通学。此四字本多用于经学，今用为泛指一般学术之辞：即专门二字，本指治经而墨守一家之说者，通学则兼采诸家；今所用专门指专守经、子中一家之说，通学则指兼采诸家也。在古代，研究学问的人少，学问传布的机会亦少，有研究的人，大都只和一种学说接触，所以不期而成为专门，直到东周的末年，始有所谓杂家者出现。此就学术流别言，非指今诸子书。若就今诸子书而论，则因（一）古书编纂错乱。（二）有许多人，又特别为著书之人所喜附会，殆无不可成为杂家者。如《晏子春秋》，兼有儒、墨之说，即因儒、墨二家，并欲依托晏子；管子名高，更为诸家所欲依托，则其书中，儒、道、法、兵、纵横家之言，无所不有矣。其一篇中诸说杂糅者，则编纂之错乱为之，盖古简牍难得，有所闻皆著之一编，传录者亦不加分别，有以致之也。至后世则不然了，除西汉经生锢蔽的，还或墨守一先生之说外；其大多数，无不成为通学，即无不成为杂家。一人的著述中，各种学说都有，实跨据经、子两部；此为学术上一大进步，前人泥于尊古之见，以为今不如古，误矣。后世分别子、集，亦自谓以其学专门与否为标准，然其所谓专门者，则其书专论一种事物耳。非古所谓专门也。而同时，这种人又可系热心搜辑旧闻的人，遇有机会，即行记载。又集部的编纂，以人为主，其人自己的行事，亦往往收入其中。如《诸葛忠武集》等即此类，实无其人执笔自作之文字也。后世之名臣奏议等，尚多如此。文人之集，固多但载其作品；然注家亦多搜考行事，务求翔实，与其自己的作品，相辅而行。如此，则集部之书，又与史部无异。所以前人的文集，譬以今事，实如综合性杂志然，其内容可以无所不有。把书籍分为经、史、子、集四部，只是藏庋上的方便，并非学术上的分类。章实斋的《校雠通义》，全部不过发挥此一语而已。要作学术上的分类，除编类书莫由，见第五节。所以我们要治史，所读的书，并不能限于史部。在后世不能不兼考集部，正和治古史不能不兼考经、子相同。向来治史的人，于集部，只取其与史部性质相同，即属于记载的一部分；而不取其对于社会、政治……发表见解，与经、子相同的一部分。那自然翻阅史部之书，只见其罗列事实，而不觉得其有何发明，使人疑中国只有史料，并无史学了。

所以如此，亦有其由。前人著述，或其议论为他人所记录，涉及历史的，大致可分为三种：第一种所谓别有会心。即其人之言论，虽涉及古事，然不过因此触发，悟出一种道理，与古事的真相，并不相合。此等言论，虽亦极有价值，然另是一种道理，初不能用以解释或评论史事。如苏子瞻论荀卿，谓李斯之焚书，原于卿之放言高论，此特鉴于当时党争之愈演愈烈，有所感而云然，事实之真相，并非如此。后来姚姬传作《李斯论》，又说斯之焚书，特以逢迎始皇，使其所遇非始皇，斯之术将不出于此，亦特鉴于当时风气之诡随，立朝者多无直节，"一以委曲变化从世好"而云然，史事之真相，亦并非如此。此即两先生亦自知之，其意原不在论古，特借以寄慨、托讽而已。若据此以论荀卿、李斯，便成笨伯了。第二种则综合史事，而发明出一种道理来。有专就一类事实，加以阐发的。亦有综合多种事实，观其会通的。又有综合某一时代、某一地域的各种事实，以说明该时代、该地域的情形的。其内容千差万别，要必根据事实，有所发明，而后足以语于此。空言阔论无当也。这正和希罗多德所谓寻出事实间之理法者相当，在史学中实为难能可贵。然第三种专从事实上着眼。即前所云注释、考证、补充三类，力求事实之明了、正确、完备，与希罗多德所谓寻出真确之事实相当者，亦未可轻。因第二种之发明，必以此为根据，此实

123

为史学之基础也。此即所谓章句之学。"章句之学"或"章句之士"四字，习惯用为轻视之辞，然欲循正当之途辙以治学问者，章句之学，又卒不能废，实由于此。"章句"二字，最初系指古书中之符号，其后古书日渐难明，加以注释，亦仍称为章句；注释之范围日广，将考证、补充等一概包括在内；章句之称，仍历时未改（说出拙撰之《章句论》，曾由商务印书馆印行，后又收入其"国学小丛书"中）。今且勿论此等详细的考据。章句之学四字，看作正式治学者与随意泛滥者不同的一种较谨严的方法；章句之士，则为用此方法以治学的人，就够了。此等人，大抵只会做解释、考证、补充一类的工作，而不能有所发明，所以被人轻视。然非此不能得正确的事实，所以其事卒不能废。异于章句之士，能寻出事实间的理法者，为世所谓"通才"，其人亦称为"通人"。天下章句之士多而通人少，故能为章实斋所谓"比次之业"者多，而能著作者少。近数十年来，专题论文，佳篇不少，而中国通史，实无一佳作，并稍可满意之作而亦无之，亦由于此。章句之学和通才，实应分业，而难兼擅。因大涵者不能细入，深入者不易显出，不徒性不相同，甚至事或相克也。刘子玄叹息于才、学、识之不易兼长，实未悟分业之理。然人宜善用所长，亦宜勤攻己短。性近通才者，于学不可太疏；性善章句者，于识亦不可太乏也。中国人的史学，实在第二、第三两种都有的。向来书籍的分类，只把性质属于第三种之书，编入史部；其属于第二种的，则古代在经、子二部，后世在集部中。浅人拘于名义，以为中国史学，限于史部之书，就谓其只有史料而无史学了，这实在是冤枉的。

再为中国史学诉冤

　　说到此，还该有一句话，为中国的旧史诉冤。那即是近来的议论，往往说旧时史家颠倒是非。旧时史家颠倒是非者诚有之，如魏收之被称为秽史是。然其所谓颠倒者，止于如此，不过偏端，并非全体。若将全体的是非，悉行淆乱，则必无人能做此事。而据近来的议论，则几谓旧史全部之是非无一可信；所载事实，无一非歪曲、伪造。问其何所见而云然？则不过泥于辞句。譬如说，历代的史籍，对于政府，悉视为正统；对于反抗政府的人，则悉视为叛逆。于政府之暴虐、激变，及其行军之骚扰、军队之怯懦、战争之失利，多所隐讳；而于反抗政府之人，则一切反是便是。此系举其一端。其他，如汉族与异族的冲突，则归曲于异族，而不著汉族压迫之迹，如近人所谓大汉族主义等皆是。此乃未解旧史之性质。须知旧时之作史者，并非各方面

125

的材料都很完备，而据以去取，只是据其所得的材料，加以编辑，以诒后世而已。当其编辑之时，自古至今的史家有一大体同守的以例：即不将自己的意思，和所据的史料相杂。此即《穀梁》所谓"信以传信，疑以传疑"，见桓公五年。这句话的意思，就是说，相传的说法，无论自己以为可信，抑以为可疑，都照原来的样子传下去。人人谨守此法，则无论时代远近，读书的人，都得到和原始材料接触的机会；而后人的议论，只须发表自己的意见，而不必再行叙述，则史籍的分量，不致过多，亦可节省读者的精力也。亦即后世史家所谓"作文唯恐其不出于己，作史唯恐其不出于人"。可见其例起源甚古，沿袭甚久。其极端者，乃至于所据史料，不过照样誊写一过，于不合自己口气之处，亦不加改动，如《史通》所讥《汉书·陈胜传》仍《史记·陈涉世家》"至今血食"之文。而不知直录原文，实为古人著书之通例。照例愈古则愈严。不但直录原文，不加改篡，即两种原文，亦不使其互相掺杂。如《史记·夏本纪》绝不及羿浞之事，而《吴世家》详之，以《夏本纪》所据者，乃《帝系》《世本》一类之书；《吴世家》所据者，则《国语》之类，不以之相订补也。全部《史记》复重、矛盾之处，触目皆是，初学者随意披览，即可见得，史公岂有不自知之理？所以如是者，古人著书的体例，固如是也，此例守之愈严，愈使古书之真相，有传于后。古人所缺者，乃在于原文之下，未曾注明其来历，然此至多不过行文条例不如后人之密而已，以为歪曲，则实不然。亦间有注明者，如《汉书·司马迁》《扬雄传》，都著其自叙云尔是也。则其余不著者，或在当时人人知之，不待加注，亦未可知。且如引书必著卷第，亦至后世而始严；古人则多但著书名而已。亦以时愈晚，书愈多，卷帙愈巨，翻检为难，在古代则并不尔也。出于他人之说，有两说异同者，古人未尝不并存。其远者，如《史记·五帝本纪》，既说"神农氏世衰，诸侯相侵伐，暴虐百姓，而神农氏弗能征"，又说"炎帝欲侵陵诸侯"；神农古多谓即炎帝，《史记》亦不以为两人。其近者，则如《旧唐书》的《高宗王皇后传》，一篇之中，说王皇后、萧淑妃死法，即显相抵牾。所记之事，苟有一种材料，怀疑其不足信者，亦未尝不兼著其说。如《金史·后妃传》，多载海陵淫秽之事，盖据金世实录，而在《贾益谦传》，却明著"大定间，禁近能暴海陵蛰恶者，辄得美仕，故当日史官修实录，多所附会"。然则歪曲、伪造者，乃当日修实录之史官，而非修《金史》之人。历代政府一方面对于人民，平时的暴虐，临事的激变，及人民起义之后政府行军的骚扰，军队的怯懦，战事的失利，多所隐讳；而于反抗政府的一方面，则将其含冤负屈以及许多优点一笔抹杀，作此等歪曲伪造者，亦自有其人，与后来修史之人何涉？若谓修史者，既明知所据材料之不足信，何故不加以说明，则此为全部皆然之事，人人知之，何待于言？亦何可胜言？从前读史的人，有治学常识者，其于史文，本只当他记事之文看，并只当他一方面所说的话看，无人以其言为是非之准，并无人信其所记之事皆真

127

实也。其有之，则学究之流而已。修史者不改原文，但加编辑，不徒不能尸诒误后人之咎；反可使后人知史料之不足信，不啻揭发其覆，使读者"闻一知二"了。如《金史》既有《贾益谦传》之文，则《后妃传》所载者，亦可云非以著海陵之淫乱，特以著金世实录的诬罔；然海陵亦非不淫乱，暴其恶者亦不可云尽诬，亦未便一笔抹杀，故又存其文于《后妃传》也。然则历代政府的罪恶，多被隐讳；人民的冤屈及优点，多被抹杀，其受病之根，乃在所传系政府方面的材料，而人民方面的材料，几于无有之故，与修史之人何涉？若说人民方面的材料，与政府方面的材料相反者，虽云缺乏，亦非一无所有，作史者何不据以参考，兼著其说？则不知史以正史为主，历代的正史，无论其为官纂、为私修，实皆带有官的性质。其关系最大者，为所用仍系官方的材料，及著述不甚自由两端，说见下节。此乃被压迫阶级不能自有政权，而政权为压迫阶级所攘窃之故，非复著述上的问题了。说到此，则不能不进而略论中国历史的历史。

史权为统治阶级所篡
及史家苦心保存事实真相

历史材料的来源，本有官私两方面。历史材料极其繁杂。自理论上言之，当分为记载、非记载两种。属于非记载的，又分为：（一）谓人类遗体；（二）物，包括：（甲）实物，（乙）模型、图画；（三）法俗：凡有意制定而有强行性质者为法，成于无意而为众所率循者为俗。记载包括口碑，又分为：（一）有意记录，以遗后人的；（二）非欲遗后，但自记以备查检的；（三）并非从事记载，但后人读之，可知当时情状的。（一）指作史言；（二）如日记、账簿等，即官府的档案，亦可云属于此类；（三）即史部以外的书籍悉属焉。此所云者，仅（一）项中之大别而已。私家的材料，即所谓"十口相传为古"，乃由群中之人递相传述的故事。此其起源，自较官家的记载，出于史官者为早。但到后来，史料的中心，却渐移于史官所

129

（一）记录、（二）编纂了。此其故有二：（一）只有国家，能经常设立史官，以从事于记录；而一切可充记录的材料，亦多集于政府，如卫宏《汉仪注》说：汉法，天下计书，先上大史，副上丞相。所以其材料较多而较完全。寻常人民：（甲）和国家大事，本无接触；即有所知，亦属甚少；（乙）常人对于不切己之事，多不关心，未必肯从事于记录；（丙）又或有此热情而无此机会；如著作之眼日等。（丁）有所成就而不克流传。如为物力或禁令所限。私史的分量，就远少于官书；其所涉及之方面亦远少；从时间上论，亦觉其时断时续了。此所谓私史，以其材料之来源，与官方不同者为限。若编纂虽出私人，材料仍取诸官家，即不可谓之私史了。以此为衡，则私史实少。此亦不可为古人咎，实为环境所限。凡事不能孤立看。以史材论，在某一时代，能有何种性质的材料出现？其分量有若干？能保存而传诸后来的，又有若干？以著述论，某一时代，众所视为重要者，有何等问题？对于此等问题，能从事研究的有若干人？其所成就如何？能传之后来者又有几何？均为环境所限。不论环境，徒对古人痛骂一番，或则盲目崇拜，皆非也。（二）史官所记，几于全部关涉政治。只记政治上的事情，而不及社会，在今日众共知为史学上的缺点，但此乃积久使然，当初起时，其弊并不甚著。此由后世的社会太大了，包括疆域广大、人民众多、各地方情形不同等。政府并不能任意操纵，所谓统治，不过消极地用文法控制，使其不至绝尘而驰而已。此为治中国史者最要而宜知之义，至少自汉以后即如此。毛泽东同志在《中国革命和中国共产党》中说："如果说，秦以前的一个时代是诸侯割据称雄的封建国家，那么，自秦始皇统一中国以后，就建立了专制主义的中央集权的封建国家；同时，在某种程度上仍旧保留着封建割据的状态。"这几句话，对于向来所谓封建、一统之世同异之点，分析得极为清楚。统治阶级的利害，与被统治者恒相反。处于统治地位的，在诸侯割据之世，为有世封及世官的贵族；在中央集权之世，则代之以官僚。君主固与官僚属于同一阶级，然行世袭之制，则入其中而不得去；与官吏之富贵既得，即可离职而以祸遗后人者不同。故君主虽借官僚以行剥削，又必控制其剥削，限于一定的程度，使不至激成人民之反抗。凡英明的君主，必知此义，一朝开创之初，政治必较清明者以此。然中国疆域太大，各地方的情形太复杂，以一中央政府而欲控制各地方及各事件，其势实不可能，而每办一事，官吏皆可借以虐民，干脆不办，却无可借手，所以集权的封建之世，中央政府即称贤明，亦不过能消极地为民除害至于某一程度，而能积极为民兴利之事却甚少。旧时的政治家有一句格言说："治天下不如安天下，安天下不如与天下安。"治天下是兴利；安天下是除害；与天下安，则并除害之事亦不办了。因为要除害，还是要有些作为，官吏还可借以虐民的。此种现象的原理，实根于阶级对立而来，所以非至掌握政权的阶级改变，不能改变。但特殊的事件，可以放弃；常务则不能不行，官吏又借以虐民，则如之何？则其所以控制之者为文法。文法之治，仅求表面上与法令的条文不悖，而实际是否如此，则非所问。此即所谓官僚主义，为论者所痛恶，不自今始，然仍有其相当的作用。如计簿，下级政府不能不呈报上级，地方政府不能不呈报中央，明知所报全系虚账，然既须呈报，则其侵吞总有一个限制。又如杀人，在清代，地方政府已无此权，太平天国起义后，各省督抚，乃多援军兴之例以杀人，此实为违法，然既须援军兴之例乃能杀人，则其杀人之权，亦究有一个限度皆是也。中央集权的封建国家，号称清明之世，所能维持者，则此最小限度而已。所以但记些政治上的事件，并不能知道社会上的情形。因为政治上所办的事情，实在太少了。且如历法，向来总以为人民不能自为，非仰赖政府不可的，其实不然。唐文宗时，西川曾请禁官历颁行以前民间先自印卖的历书；而据《新五代史·司天考》，则当时民间所用的，实别有一种历法，时人称为小历，并非政府所用之法。直至宋时，还系如此。南宋末年，西南偏僻之区，官历失颁，梧州等地大、小尽互异，民间就无所取正了，事见《困学纪闻》。即至近代，亦未能免，官用之历法久变，民间印行历本，还有据明人所造《万年历》的，以致大、小尽亦有差池，中华民国和中华人民共和国时，各曾发生过一次。民间所用历法，或不如官法之确，然日用并不仰赖政府，则于此可见。且政府革新历法时，所用之人才，亦皆出于民间，若钦天监等官署所养成的人才，则仅能按成法做技术工作，不能创法与议法也。举此一事，其余可以类推。但在古代小国寡民之世则不然，此时政治上所办者，尚系社会的事情；而社会上最重要的事情，亦即操在政府手里。所以政治二字，随时代之古近，范围广狭，各有不同。大致时代愈古，所包愈广。所以但记政治上的事件，即可见得社会上的情形。人类的做事，是有其惰性的，非为局势所迫，一切只会照着老样子做去。况且社会的变迁，一时是看不出来的。又且历代政府，于全局之控制虽疏，究为最高权力所在，其所措施，至少在表面上为有效。所以习惯相沿，史官所记，就都偏于政治方面了。此所谓政治，其范围业已甚狭了。私家所知政治上的事件，固不能如史官之多；有些方面，亦不能如史官之确，如人、地名、年、月、日、官、爵、差遣名目等。这亦使历代的史料，逐渐转移到以史官所记为重心。

读史必求原始的材料。真正原始的材料，现在实不易得，大体上，众共据为原始材料的，则历代所谓正史而已。此系为物力所限。《南》《北史》行，而《魏》《齐》等史即有缺佚；《新五代史》行，而《旧五代史》之原本遂不可得，足见正史修成后，尚不易完全保存，更无论所据的原料了。历代政府，所以恒视修前朝之史为重要之事；而每逢开馆修史，亦必有热心赞助之人，即由于此。前人修史，用功精密者，多先作长编。如其书修成之后，长编仍获保存，实可省后来校勘者许多精力，且可保存修书者弃而未取的材料。然长编恒不获保存，亦由为物力所限也。历代所谓正史，大体上自南北朝以前为私撰，唐以后则为官修。可参看《史通·古今正史篇》。自唐以后，纯出私修者，一欧阳修之《新五代史》而已，然其材料并不丰富也。然即在南北朝以前：（一）所有者亦必系官家的材料；如司马迁虽为史官，其作《史记》，实系私人事业，然其所以能作《史记》，则实因其身为史官，故能得许多材料，如所谓"绸史记金匮、石室之书"是也。（二）或则受政府的委托，由政府予以助力；如沈约之《宋书》，萧子显之《齐书》，姚思廉之《梁》《陈书》，魏收之《魏书》均系如此。此等虽或奉敕所撰；或得政府供给材料，补助物力；然其人皆本有志于此，纂辑亦以一人为主，故仍不失其私撰的性质。（三）其或不然，则将受到政府的干涉，言论实并不自由。如班固，即以有人告其私改国史下狱。所以自政府设立史官，从事记录、编纂以来，作史之权，即渐为统治阶级所窃。记录之权的被窃，观前言史料渐以史官所记为重心可知。编纂之权的被窃，则观唐以后正史非借官修之力不能成可知。因非有政府之权力、物力，不能征集材料，支持馆局也。在清世，万季野可谓挺挺高节，然清开史局，亦卒以布衣参史事，即由知非此《明史》必不能成，不得不在署衔、不受俸的条件下，委曲求全也。黄梨洲送季野诗云："不放河汾声价倒，太平有策莫轻题。"其不肯屈节之心，昭然可见，而犹有议其作《明夷待访录》为有待于新朝者，真可谓形同聋瞀矣。然亦卒遣其子百家北上备史馆询访，其心，犹之季野之心也。向使作史之权，不为统治阶级所窃，史家何必如此委曲；而其所成就，亦岂止如此哉？然此为政权被攘窃后必至之势，革命者所以必争政权也。于是有（一）积极的伪造史实；如汉末为图识盛行之世，后汉光武即为造谶最甚之人，而又以此诬刘歆、公孙述等，说见拙撰《秦汉史》第二十章第四节。伪造先世事迹者，莫甚于拓跋魏，详见拙撰《晋南北朝史》第三章第八节（二书皆开明书店本）。此时崇尚门阀，伪造世系者尤多，如萧齐之自托于萧何，前人久发其覆矣。（二）消极的消灭史实之举；魏太武以史案诛崔浩，其实非以作史，而由于浩欲覆魏，袁简斋在《随园随笔》中始言之；清礼亲王昭梿《啸亭续录》又及其事，然皆语焉不详；予始详发其覆，见拙撰《晋南北朝史》第八章第六节。然浩虽非以史事诛，而此案之本身，即为被消灭之一大史实，使其真相湮晦，逾于千载焉。此外魏世史实被隐没者尚多，可参看拙撰《晋南北朝史》第十一章第一节。清世实录，近世研究者证明其常在修改之中，故前后诸本不同，非徒蒋、王两《东华录》之不同，授人以可疑之隙也。此盖由清世家法，人主日读实录而然，亦见《啸亭续录》，则其消灭史实更甚矣。清初尝自号其国曰金，后以恐挑汉人恶感，讳之。然沈阳大东门额坏，旧额露出，赫然署大金天聪几年。民国九年，予在沈阳，尚亲见之。当时曾致书教育厅长谢君演苍，属其取下藏诸图书馆。其时之奉天，反动气氛颇甚，有力者多不欲暴清之隐，谢君亦未能行也。（三）甚且如清代，欲乘修史之便而禁书。清康熙末年，即借修明史为名，诏民间进呈野史。其时虽有所得，不过官吏之完成任务，民间所藏，凡涉及万历末年边事者，即均行删去矣，见戴南山《与余生书》。乾隆时，乃径行搜索。三十九年上谕云：明季野史甚多。其间毁誉任意，传闻异辞，必有抵触本朝之语。正当有此一番查办，尽行销毁，杜遏邪言，以正人心而厚风俗，断不宜置之不办。其欲消灭汉人的记载，亦明目张胆，直认不讳矣。私家所作之史，其外形，有时诚不如史官之翔实；然其内容，则往往为史官所记所无有。然（一）敢笔之于书者已少；（二）即能笔之书，亦或不敢流传；（三）其流传于外者，则已多所改削；予幼时曾见一抄本《江阴城守记》，述明末典史阎应元抗清之事。谚所谓清三王、九将被杀之说，即在其中，此外尚有江阴人之歌谣等。后来所见抄、刻本，无一得同。（四）况且还要遭禁和受祸！自然私家之史，其分量要大减了。私家作史，不求翔实，甚或借此淆乱是非者，诚亦有之。然此正由其发达未能畅遂，不受人重视之故。倘使向来私家作史，一无阻力，则作者必多；作者多，即必受人重视，而引用者多；引用者多，则从事物考证者亦多，不求翔实及淆乱是非之弊，自易发现；妄作者的目的，不徒不得达，反将因此受到讥弹。自然私史之作者，不徒加多，亦且程度要提高了。借使考证之风盛行，李繁之《邺侯家传》等，必不敢出而问世。史官所记，我亦认为很重要的一部分。但以天下之大，各方面情形之复杂，断非少数因职业而从事于此的人所能尽，则可以断言。然则私史的遭阻阏，官史之获偏行，在史学上，确是一个大损失了。此皆由政权为压迫阶级所攘窃之故。所以革命必争政权，确是天经地义。

即以藏庋论，作史之权，为压迫阶级所攘窃，亦是史学上一个大损失。《史记·六国表》说：秦既得意，烧天下诗书，诸侯史记尤甚，为其有所刺讥也。诗书所以复见者，多藏人家，而史记独藏周室，以故灭，惜哉！惜哉！这一段文字中，"诗书"犹今言书籍；"史记"犹今言历史；今之《史记》，《汉志》名《太史公书》。史记乃一类书籍之总名，此书首出，遂冒其称耳。"人家"之"人"，疑唐人避讳改字，其原文当作"民"；"周室"二字，包诸侯之国言，乃古人言语以偏概全之例，因古人言语之总括之辞。断非陵夷衰微的东、西周，还能遍藏各国的史籍，更无待言。当时大国，亦有能藏外国之史者。《周官》，小史"掌邦国之志"，盖指内诸侯；外史"掌四方之志"，则指外诸侯，此其国皆现存，又云"掌三皇、五帝之书"，则指前代诸国之史。此皆史官所记。诵训氏"掌道方志，以诏观事"，《注》云：说四方所识久远之事。训方氏"诵四方之传道"，《注》云：世世所传说往古之事也。则未笔诸书者，其间当有民间之传说也。《周官》所说制度，与《管子》多同，盖齐地之学。齐为大国，又极殷富，故学术亦甚兴盛。稷下学士七十人，可见其养士之规模。其能多藏列国之史籍，亦固其所，若东、西周则断不能有此物力也。纬书谓孔子与左丘明如周，得百二十国之宝书，望而知为造作之说。凡藏于官家，秘而不出之物，最易一遭破坏而即尽。不但史籍，一切书籍，亦系如此。太史公作《史记》，欲"藏之名山，传之其人"，论者或讥其不和民众接近。殊不知他下文还有"通邑大都"四字，他藏庋要在名山，传播原是面向着通邑大都的。要学说的流行，必面向通邑大都而始广。然其地为变动剧烈之地，书籍及能通晓书籍之人，易于流散及播越；山地较为安静，古籍、古物保存的机会较多，所以太史公要分途并地。书有五厄之说，牛弘已慨乎言之，见《隋唐·经籍志》。然至后世，此弊仍不能免，即由攘窃者之自私，将其搜求所得，悉藏之于宫禁之故。倘使购求书籍的物力，不为压迫阶级所专有，而别有文化机关，以司其事；搜求所得，亦不如向来之专藏于宫禁，而分藏于风波稳静之地。书籍之亡佚，决不至如此其甚，亦可断言。清代四库书，分藏数处，毕竟灭亡较难，亦其一证。此话从来少人提及，然一经说明，却可令人共信。一切书籍如此，史料之未经流布者，自然更甚了。明代实录，姑秘藏不出，至清初修明史时，即已不全矣。后来竭力购求，终不能得。即由其秘藏，能抄撮、移录者少也。所以作史之权，为压迫阶级所攘窃，确是史学上一大损失。

虽然如此，参与作史和修史的人，毕竟是和学术有些关系的，总有些保存事实真相，以诒后世的公心，不会全做了统治者的奴隶。试举和我很切近的一件事情为例。我清初的祖宗吕宫，乃是明朝一个变节的士子。他入清朝便考中了状元，官做到大学士。其时年事尚轻，正可一帆风顺，大做其虏朝的伪官，却忽然告病回家了。而其时实在并没有什么病。这是何缘故呢？我们族中相传有一句话：说是由于当时的皇太后要和他通奸，他知道嫪毐是做不得的，将来必遭奇祸，所以赶快托病回乡了。虽有此说，也不过将信将疑地传述着，没一个人敢据为信史的。因无人敢笔之于书，但凭传说，故久而模糊也。然一读清朝的《国史列传》，中华书局所印行之《清史列传》。却得到一个证据了。传中明载着，当他告病而未获允许时，王士祯曾参他一本，说他病得太厉害了，"人道俱绝"。试问太监岂不是官？若说无关紧要，则历代宦官握有宰相实权，甚或超过宰相者甚多，"人道"的绝不绝，和做官有什么关系？这便使我们族中的传说，得到一个坚强的证据了。这便是当时作史，后来修史的人，苦心留给我们的真实史料。因他只是据官书材料叙述，所以连最善于伪造和消灭史实的清朝，也给他瞒过了。这便是从前的史家最堪矜愍和使我们感谢的苦心。所以凡事总合详求，不可轻易一笔抹杀。清修明史时，顾亭林与人书云："此番纂述，止可以邸报为本，粗具草稿，以待后人，如刘煦之《旧唐书》。"盖冀官书原文保存者多，则真实之史料保存者亦多，此亦前人之苦心也。

读旧史宜注意之点

　　中国史家，既以作史唯恐其不出于人为宗旨，所以其所最尊重的，为其所根据的材料的原文，不但带有原始材料性质的正史如此，即根据正史等书而编纂的史籍，亦系如此。譬如编年史，在前一卷中，还称旧朝的君主为帝，于新朝的君主，则但称其名；到后一卷中，就可改称新朝的君主为帝，而于旧朝的君主，则改称为某主了。此其最大的理由，固为所谓"穷于辞"，然在前一卷中，所用的还多系前朝的史料，在后一卷以后，则所用的多系后朝的史料，必如此，原文的多数，乃易因仍，亦不失为一种理由。这似乎滑稽，然细思之，称号原无关褒贬，亦无甚可笑也。近人好将前代帝王的谥号撤去，改称其姓名，如称汉武帝为刘彻是。此实甚无谓。无论谥法或庙号，均不含有尊重或褒美之意，而汉武帝是一个皇帝，则不可以不知。称之为汉武帝，则就其名称，已使人知其为某一朝的一个皇帝矣。若其名为彻，则即不知之，亦无甚妨碍，正不必徒劳人之记忆也。旧史作者，多须改入自己的口气，因此，虽极尊重原文，终不能无改动，但其改动亦有一定的体例，读书多者，自能知之。

昔人作史的体例如此，所以旧时史籍，多不能作编纂的人的话看，而只能作其所根据的原文的作者的话看，而史籍的性质，是随时代而不同的，于此，就重烦读者的注意了。

怎样说史籍的性质，随时代而不同呢？原来孤见最难传播，所以一个时代，史事传之后来的，必系其时多数人所能接受的一种说法，而其说多非真相。然则事实的真相，有没有知道的人呢？那自然是有的。然在口说流行的时代，对人无从谈起，即或谈起，亦无人为之传述；在使用文字的时代，未必皆笔之于书，即或笔之于书，其书亦少人阅读。经过一个时期，此等较近真相的说法，就随其人之衰谢而烟消云散，而其流传下来的，只是西洋史学家所谓"众所同意的故事"了。所以历史的内容，实和其时的社会程度，很有关系，此点最宜注意。或谓其时社会的程度既然甚低，何以其时的人机械变诈，曾与后世无异？殊不知为机械变诈之事者乃个人，传历史则群众之力，个人之突出者，各时代皆有之，社会之进化，则自有其一定之程序也。

从大体上分划，过去的历史，可以分作三个时代，即：

（一）神话时代。这时候，人们还未知道人与物的区别，

141

其文明程度，自然是很低的。然而其时代却是很早的。邃古的史料，大都隐藏于其中。这种材料，在中国人所认为正式的史籍中，似乎不多。因为众所共认为最早的正式的史籍为《史记》，当其编撰之时，社会的文明程度已颇高，故于此等说法，多不之取。《五帝本纪》说"百家之言黄帝者，其文不雅驯"，而所取者专在《大戴礼记》《尚书》一类书，即其明证。然最早的史事，实无不隐藏于神话中，不过经过程度较高的人的传述，逐渐把它人事化，读者不觉其诡异，就共认为雅驯罢了。如能就此等人事化的材料，加以分析，使之还原，还是可以发现其神话的素质的。如《诗经·商颂》说"禹敷下土方"，《书经·禹贡》亦说"禹敷土"，读来绝不见有何神怪之迹，然若将《山海经·海内经》"鲧窃帝之息壤，以湮洪水"，作为敷土的注脚，即可见其中原含有神秘的成分，不过传《诗》《书》的人，不复注重于此，仅作为一句成语传述，而不复深求其中的意义罢了。此等分析的工作，近来所谓疑古派，曾做了一些，虽其说不尽可信，亦于史学有相当的益处。但神话真的有价值，伪造的则转足淆乱史实，用之不可不极谨慎而已。将中国神话保存得最多的为《山海经》。此书非《汉志》所著录的《山海经》，《汉志》所著录的《山海经》，乃讲建设之书，即古所谓"度地居民"之法，读《汉志》原文可见；今书盖汉以前方士之记录，荟萃成编者，二书偶然同名耳。次则《楚辞》，其中《离骚》《天

142

问》等篇，亦多含古代神话。纬书似系神话渊薮，然出汉人造作，多失原形，用之须极谨慎。道家书中，亦保存一部分神话，则又承纬书之流，其可信的程度更低了。

（二）传奇时代。这时代流传下来的史迹，都系人事而非神事，似乎其可信的程度增高了。然其所传的，离奇怪诞实甚，而真相反极少，所以运用起来，要打的折扣还很大。譬如西周，确实的情状，我们虽不之知，然其文明程度，决不至十分低下，则无疑义。而自幽王灭亡以后，百余年间，其地为戎、狄所据，幽王被杀，事在公元前771年。其后秦文公收岐以西之地，岐以东仍献之周，事在公元前750年，然周实不能有；至秦穆公乃东境至河，则已在公元前7世纪中叶了。把其文明摧毁殆尽。直至战国时，东方诸侯还说秦人杂戎、狄之俗，摈之使不得与于会盟之列。而秦地所以土旷人稀，使秦人能招三晋之人任耕，而自以其民任战者，亦由于此。然则西周的灭亡，是何等大事，然其真相，我们乃绝无所知，所知者则一褒姒的物语而已。此与蒙古自遁入漠北后，至于达延汗之再兴，只传得一个洪郭斡拜济的物语何异？见《蒙古源流考》。蒙古自遁入漠北以后，至达延汗再兴以前，其自己所传的历史，实远不如《明史》所著者之翔实也。回纥自漠北走西域，《新唐书》所载，事迹颇为明白，而回纥人自己，却仅传唐人凿破其福山以致风水被破坏，自此灾异迭起之说，亦同此例。见《元史·亦都护传》。以此推之，《左氏》所载夏姬的事迹，亦宁非此类？不过其粉饰的程度较高而已。此等性质的传说，至汉初实尚不乏，断不容轻信为事实。试举俗所谓鸿门宴之事为例。按当时反动之思想正盛，其视列国并立，转为常局，一统转为变局，所欲取法者，则东周之世，天子仅拥虚名，实权皆在霸主之局。不过战国时七国之君，皆已易公侯之称而为王，所以当时之人，所拟临制诸王之名为帝。齐湣王与秦昭王并称东西帝；秦围赵之邯郸，魏又使辛垣衍间入围城，劝赵尊秦为帝是也。戏下之会，以空名奉义帝，而项羽以霸王之称为诸王之长，即系实现战国以来此种理想。在当时，安有一个人想据有天下，再做秦皇帝之理？其后汉虽灭楚称皇帝，然其下仍有诸王，则与秦始皇的尽废封建，仍异其局。在当时，人人之思想，皆系如此。蒯彻劝韩信中立于楚、汉之间，韩信不听，《史记》说由韩信自信功高，汉终不夺我齐，韩信再老实些，也不会相信汉高祖是个知恩报恩、不肯背信弃义的人。不过自当时想来，皇帝任意诛灭诸王，实不能有此事耳，此乃自古相传之国际法也。汉高祖尽灭异姓诸王，乃系半靠阴谋，半靠实力，并非法律上的权利。而灭异姓诸王后，亦不能不改封同姓，仍不能一人据之，恢复秦始皇之旧局面也。汉帝对诸王权力之增大，乃由灭异姓、封同姓，中央与列国间，有宗法上统属的关系，亦非自古相传天子之国对诸侯之国的权利。然则，当秦朝甫灭之时，安有一人敢萌据有天下、继承秦皇帝之地位之想？范增说：与项王争天下者必沛公，岂是事实？且军门警卫，何等森严，安有樊哙能撞倒卫士，直达筵前，指责项王之理？古人筵宴，中间诚有离席休息之时，且或历时颇久，然亦必有一个限度，乃汉高祖可招张良、樊哙等同出，与哙等脱身回向本军，张良度其已至，然后入谢。筵宴间的待客，离席至于如此之久而无人查问；带有敌意的宾客，与数人间行出军，亦无人盘诘，项

144

羽的军纪，有如此之废弛者乎？张良献玉斗于范增，范增受而碎之，骂项王"竖子不足与谋"，且当场言"夺项王天下者，必沛公也，吾属今为之虏矣"，增年已七十，素好奇计，有如此之鲁莽者乎？种种事迹，无一在情理之中。然则汉高祖与项羽此一会见，真相殆全然不传；今所传者，亦一则想象编造的故事也。此等传说，在秦、汉间实未易枚举。且如指鹿为马之说，又岂可以欺孩稚邪？

（三）传说时代。此期的史实，其最初的来源，仍为人口中的传说，但人所说很接近事实，绝非如传奇时代的离奇怪诞了，然仔细思之，其中所含的文学成分仍不少。譬如《史记》的《魏其武安侯列传》，详述魏其的外高亢而内实势利，喜趋附；武安的器小易盈，骄纵龌龊；以及灌夫的粗鲁任气，以一朝之忿而忘其身，可谓穷形尽相。这断不能凭空杜撰，自然其中多含史实。然观其篇末说武安侯死时，竟有冤鬼来索命，即可知篇中所言，亦仍不可尽信了。此类材料，在唐、宋史中，实尚不免，试观《旧唐书》《旧五代史》及《宋史》，多载时人评论之辞可知。至《元史》以后，则渐少了。

口传较之书面，易于变动，所以史事出于传述的，无意之中，自能将无味的材料删减，有趣的材料增加。这正如《三国演义》，其原始，实系说书先生的底本，不过抄撮历史事实，以备参考，其内容，实和正式的史籍，无甚同异，然到后来，逐渐将说时所附会增益的话，亦行写入，与旧来抄撮的材料，混杂一处，久之遂稍离其真，又久之则面目全非了。试观其愈说得多的部分，离真愈远；而说得少或不甚说及的部分，则仍和正式史籍无甚异同可知。史籍来源出于传说的，其性质实亦如此，不过程度不同罢了。天下有文学好尚的人多，有史学好尚的人少。史学要推求事实的真相；文学则必求复杂的事情简单化，晦暗的事情明朗化。从前军阀纷争的时候，彼此之间，日日钩心斗角，使政治日益紊乱，社会大受影响，这自然是人民所深切关心的。然而多数人，都喜读其时所谓小报，其中内幕新闻之类最受欢迎；而于大报，则能认真阅读者较少。此无他，大报多记事实的外形，其所以然之故，须据事实推求；小报则说得头头是道，如指诸掌，不徒使人相说以解，并可作茶余酒后的谈助而已，然其所言乃无一得实。此其故何哉？人之做事，无不受环境的制约。利用环境，虽可驯服环境，然必能利用，乃能驯伏之，即其受环境的制约。所以对于某一个人的行为，苟能熟知其环境者，自易明了其所以然，正不必从幕后窥测，然要熟悉各方面的情势甚难。若将某一个人的行为，归之于其人的性格，或则云由于某一策士的阴谋，或又云由于某一事件的挑动，则其说甚易了解。如此，复杂的事情就简单化，晦暗的事情就明朗化，合乎多数人的脾胃了。这种情况，距今不过数年，总还是我们所亲历，至少是得诸"所闻"的。其来源靠得住吗？然而历史事实的来源，如此者亦不乏。

任何人都有一种感觉，读古代的历史，了解及记忆均较易，时代愈后则愈难，因此薄今而爱古。其实适得其反。这正和人们喜欢读小报而不喜欢读大报相同。历史的材料有两种：一种自始即为记录，偏于叙述事情的外形，官文书为最，私家所作碑、铭、传、状等次之；一种则原始出于口传，经过若干岁月，始著竹帛，野史、小说等之来源，大率如此。官文书所说的，固然是官话；碑、铭、传、状等，亦多谀墓之作，然其夸张、掩饰，自有一定的限度，能伪事之内容，不能伪事之外形。如为贪官污吏作传者，可云其未曾贪污，不能云其未曾作官吏；可讳饰其激成民变之事，不能云民未曾变也。而且极容易看得出来。将这一部分剥去，所剩下来的，就是事实了。用此等材料所作的历史，将仅剩一连串事实的外形，于内容则全未涉及，而要由读者去推测，最使人感觉苦闷。且读者之推测，乃系后世人的猜想，似不能如并时之人观察所得者的精确。然其结果多正相反。这实由后人的推测，在其事实完全暴露之后，易于原始要终，加以推论；并时的观察家，则无此便利。史事有一般情形，有特殊事件，一般情形，后人所知者，总不能如当时人之多且确。如今之北京、上海，是何情形？将来史家虽竭力考索，总不能如今日身居北京、上海之人是也。特殊事件，则正相反。身处其时者，往往于其真相全属茫然，有所推测，亦多误谬；而将来之人，则洞若观火。实因事实的全部，悉行暴露，则其中一枝一节之真相，自然明了，不待推求，且甚确实也。枝节悉行明了，全体亦无遁形矣。而其物亦本系今内幕新闻之流也。非必著述者有意欺人，其所闻者固如是也。读史者于

147

此义，亦必不可以不知。《啸亭续录·国史馆》条云：国初沿明制，惟修列圣实录，附载诸臣勋绩、履历、官阶。康熙中，仁庙钦定《功臣传》一百六十余人，名曰《三朝功臣传》，藏于内府。雍正中，修《八旗通志》，诸王公大臣传始备，然惟载丰、沛世家；其他中州士族，勋业懋著者，仍缺如也。所取皆凭家乘；秉笔词臣，又复视其好恶，任意褒贬，皆剽窃碑版中语。纯庙知其弊，乾隆庚辰，特命开国史馆于东华门内，简儒臣之通掌故者司之，将旧传尽行删刬，惟遵照实录、档册所载，详录其人生平功罪，案而不断，以待千古公论，真修史之良法也。后又重修《王公功绩表传》《恩封王公表传》《蒙古、回部王公表传》等书，一遵是例焉。按列传以碑版、家乘为据，旧有是法，初非修史者敢任其好恶，然清高宗犹以是为未足，而只许依据实录、档册，盖不许天下之人有是非，而欲其一遵当朝之是非，其无道可谓甚矣。然详录其事，案而不断，以待后人论定，则比次之法，固应如是，不能以其出于清高宗之私意而非之。近人修史、立言务求有据，记事侧重外形，固为众所共趋之鹄，亦非清高宗一人之私意所能为也。

　　说到此，则并可略论今后作史的方法。现在史学界所最需要的，实为用一种新眼光所作的史钞。史钞之钞，非今所谓照本抄誊之抄。今所谓照本抄誊之抄，昔人称为写、录等，不称为钞。昔人所谓钞，乃撮其精要，而刊落其余之谓。史钞之作，晋、南北朝时最多，读《隋书·经籍志》可见，唐以后就渐少了，这亦可说为史学衰替之一端。史学上的需要，随时代而不同，而每逢学术上的趋向幡然大变之时，则其变动尤剧。今日读昔人所作的历史，总觉得不能满意者以此。编撰新历史，以供今人的阅读，人人能言之。然其所作之书，多偏于议论，并未将事实叙明。此在熟于史事的人，观其议论则可；若未熟史事的人，欲因此通知史事，则势有所不能。此实可称为史论，而不可称为史钞；而其所发的议论，空洞无实，或于史事全未了解，但将理论硬套者，更无论矣。

史钞合作，必将前人所作的历史，（一）仍为今人所需要者因仍之；（二）其不需要者略去；（三）为今人所需要，而前人未经注意者，则强调之使其突出，乃足以当之而无愧。至其文字的体裁，则最好能因仍原文，不加点窜；而自己怕意见则别著之，使读者仍能与我们所根据的原材料相接触。如此，分量易多，怕只宜于专门研究的人，而不适于普通的读者。供普通读者阅览之作，怕不能不入自己的口气重作。但根据某书某篇，最好一一注明，使人易于查核；而其改易原文，亦最好有一定的体例，使读者即不查核，亦易分别。此亦为编撰最要之义，不可不注意及之。

至于搜集材料，则目前最紧要之事，实为作史料汇编。除史部固有之书外，更宜将经、子、集三部中有关史事的材料，大举搜集，分为两部分：（一）属于记事的，即前所云足以证明、补充、订正史事的，与史部的记载，相辅而行；（二）为昔人有关史事的见解，此不必论史之作，凡涉及社会、政治，而其中包蕴史事者，皆当采取。因为此等作品，一方面表现昔人对于社会、政治的见解，一方面亦即表现其对于史学的见解。史学的有用，正在于此。使治史学者能多与此等材料接触，自然胸次恢廓，眼光远人，虽性近章句之士，亦不至流于拘泥、琐碎了。这于史学的进步，实在是大有关系的。更推广言之，则编纂大类书，实为今后的急务。学术本须分类，况自专门变为通学，一人的著作中，可以无所不有，则每治一门学问者，势非读遍天下之书不可，夫岂事所可能？故必合群力，举一切书籍，按学术分门，编成大类书，以供治学者之取材而后可。此其分门固极虽确当；所辑得者，亦仅限于普通人所能见得，非有特别之眼光不能搜得者，所遗必多，然苟能尽普通人之力，忠实为之，已足为治学者省无限精力矣。编辑大类书，需要很大的物力，势非政府不能为。历代之政府，亦多行之者。最早者如魏世之《皇览》；最近者如明代之《永乐大典》，清代之《国书集成》是也。然政府所办之事，恒不免官僚主义，故如《大典》《集成》，均不见佳。今日的情势，已与往时不同，甚望文化高潮来临之日，政府能以此为当务之急也。史学所涉甚广，好的史料汇编，有时亦可供治他学者之用。

读旧史入手的方法

我这一次的讲演，初意拟以实用为主，卑之无甚高论的，然一讲起来，仍有许多涉及专门的话。这实缘不读旧史则已，既欲读旧史，则其性质如此，天下事不讲明其性质，是无从想出应付的方法来的，所以不得不如此。"行远自迩，登高自卑"，讲到入手的方法，我们就不能不从最浅近、最简易的地方着眼了。大抵指示初学门径之书，愈浅近、愈简易愈好，唯不可流于陋耳。陋非少之谓，则不陋非多之谓。世唯不学之人，喜撑门面，乃胪列书名，以多为贵，然终不能掩其陋也。当民国十二三年时，胡适之在北京，曾拟一《最低限度的国学书目》，胪列书名多种，然多非初学所可阅读，甚至有虽学者亦未必阅读，仅备检查者。一望而知为自己未曾读过书，硬撑门面之作。梁任公评之云：四史、三通等，中国的大学问都在此中，这书目一部没有，却有《九命奇冤》。老实说，《九命奇冤》，我就是没有读过的。我固然深知我学问的浅陋，然说我连最低限

151

度都没有，我却不服。（因原载此评的杂志已为倭寇所毁，无原文可以查检，语句不尽相符，然大致必不误。）真可发一噱。任公亦自拟一通，就好得多。

旧时史部之书，已觉其浩如烟海；而如前文所述，欲治史者，所读的书，还不能限于史部；而且并没有一个界限，竟把经、子、集三部的书都拉来了。这更使人何从下手呢？且慢，听我道来：

欲治史者，所读的书，因不能限于史部，然仍宜从史部为始，而且在史部之中，要拣出极少数、极紧要的书来。

此事从何着手？

旧史偏重政治，人人所知；偏重政治为治史之大弊，亦人人所知。然（一）政治不可偏重，非谓政治可以不重；（二）而政治以外的事项，亦可从政治记载之中见得。如旧史的食货志，虽偏重财政，然于社会经济情形，亦多涉及。又如百官志，似乎专谈政治，然某一朝的政府，对于某种经济、文化事业，曾设官加以管理，某一朝却放弃了，亦可于其中见得。举此两端为例，其余可以类推。此二义亦不可不知。所以旧时史家视为最重要的部分，仍为今日读史极重要的部分，而宜先读。

旧时史家视为最重要的部分，是哪一部分呢？这个问题，我们可以读马贵与先生的《文献通考·总序》而得到解答。他把史事分为两大类：一曰理乱兴衰，一曰典章经制。前者是政治上随时发生的事情，今日无从预知明日的；后者则预定一种办法，以控制未来，非有意加以改变，不会改变。此就形式言，其实际有效与否，另是一回事。故前者可称为动的史实，后者可称为静的史实。历史上一切现象，都可包括在这两个条件之中了。

正史之所以被认为正史，即因其有纪、传以载前一类的史实，有志以载后一类的史实。然纪、传以人为主，把事实尺寸割裂了，不便观览，这一点，是不能为太史公咎的。因为后世的历史，纪、传所记之事，多系同一来源，而将其分隶各篇，所以有割裂之弊。著《史记》则各篇之来源各别，如前说，古人本不使其互相掺杂，亦不以之互相订补也。所以又有编年体，与之并行。编年体最便于通览一时代的大势，任何一件事情，都和其四周的情势有关系，不考其四周的情势，则其事为无意义。然欲将四周情势叙述完备甚难；过求完备，又恐失之过繁；而时间为天然的条理，将各事按其发生之先后排列，则每一事之四周情势，及其前因、后果，均可一目了然，此编年史之所以似繁杂而实简易也。现在学生读史的，往往昧于一时代的大势，甚至有朝代先后亦弄不清楚的。这固由于其人的荒唐，然亦由所读的历史，全系纪事本末体，各事皆分开叙述之故。倘使读过一种编年史，就不至于此了。此供学习用的历史，所以贵诸体并行也。编年史在统一的时代要，在列国并立、或统一后又暂行分裂的时代为尤要。欧洲历史分裂时长，且迄今未曾统一，又较中国为要。现在世界大通，中外史事互有关系，则追溯从前，亦宜知其相互间之关系；即无直接关系，亦宜将其彼此间的情势，互相对照。然则合古今、中外，而用编年体作

153

一简要的新史钞，实于史学大有裨益也。编年史有两种体裁：一如《通鉴》，逐事平叙，与单看《左传》同。一如《纲目》，用简单之语提纲，其笔法如《春秋》经，事情简单的，其下即无复文字；繁复的，则于下文详叙，低一格或双行书之，谓之目。纲、目合观，恰如将《春秋》与《左传》合编一简。编年史年代长者，一事在于何时，不易检索。因此，温公作《通鉴》，曾自撰《目录》。然《目录》实不完全，且别为一编，检索仍觉不便。若《纲目》，则阅览时可兼看其目；检索时可但看其纲，而所检索者即系本书，尤较另编目录为便利。朱子创此体以救《通鉴》之失，实为后胜于前，不能以其编纂不如《通鉴》之完善而并訾之也。读《通鉴》时，宜随意取一两年之《纲目》，与之并读，以见其体裁之异同。且最适于作长编。作史必先搜集材料，材料既多，势必互有异同，互相重复，故必依一定之条理，将其编排，则同一之材料，自然汇合到一处；重复者可去，异同者亦不待考校而是非自见；其或仍不能判，即可两说并存矣。条理如何，初无一定，要必依其事之性质，实即其事所自具也。时间为最普遍的条理。无他种条理可用时，时间的条理必仍存。即按他种条理分类，每一类之中，时间之先后，仍不可不顾也。在历史年代不长时，得此已觉甚便，一长就不然了。一事的始末，往往绵亘数十百年，其伏流且可以数百千年以上，阅至后文，前文已经模糊了，要查检则极难。所以又必有纪事本末体，以救其弊。必时间长乃觉有此需要，此纪事本末一体，所以必至袁枢因《通鉴》而始出现也。有此三者，谓纪传、编年、纪事本末三体也。纪传体以人为主，固不免将事实割裂，然人亦自为史事一重要

154

之因素，非谓其能创造时势，乃谓其能因应时势，代表时势之需要耳。故钩求理乱兴衰一类的事实者，非有编年、纪事本末两体以补纪传体之缺不可，而纪传体又卒不能废也。理乱兴衰一类的事实，可谓很有条理系统，编纂者都能使之就范了。然典章经制，亦宜通览历代；而正史断代为书，亦将其尺寸割裂。于是又有政书以弥其憾。有此四者，而旧日史家所重视的政治事项，都能俯就编纂者的范围了。

读书宜先博览而后专精。世界上一切现象，无不互相关联，万能博士，在今日固然无人能做，然治学者，（一）于普通知识，必宜完具；（二）与本人专治的学问关系密切的科目，又宜知之较深；（三）至于本科之中各方面的情形，自更不必说了。所以要治史学者，当其入手之初，必将昔人认为最重要之书，先作一鸟瞰。一切事无不互相关联。所以专治一事者，于他事亦不可茫无所知。近来有伪造唐初钞票以欺人者，人亦竟有受其欺者，即由近人之治学门径太窄之故。若于唐代社会经济、货币、官制、印刷术等方面的知识稍形广阔，即知无论从哪一方面立论，唐初决不能有钞票也。然以中国史籍之多，即将最重要的部分作一鸟瞰，已经不容易了。于此，我们就要一个"门径之门径，阶梯之阶梯"。张之洞《輶轩语》中语。《輶轩语》者，张之洞任四川学政时，教士子以治学门径之作也。

于此，我以为学者应最先阅览的，有两部书：（一）《通鉴》。此书凡二百九十四卷，日读一卷，不及一年可毕。读时必须连《注》及《考异》读。《注》中关系官制、地理之处，更应留心细读。这两门，是胡身之用功最深处，可见得古人治学之细密。凡治史，固不必都讲考据，然考据之门径，是不能不知道的；于注释亦应留意，否则所据的全系靠不住的材料，甚至连字句都解释错了，往往闹成笑柄。如胡适之，昔年疑井田制度时，称之为豆腐干式，将昔人设法之谈（设法，谓假设平正之例），认为实事，已可笑矣，犹可说也。后乃误古书之方几里者为几方里。不但振振有词，且于纸角附以算式。逮为胡汉民指出，乃曰：我连《孟子》都忘了。其实此乃根本没有懂，无所谓忘也。旋又据今日之经纬度而疑《汉书·西域传》所载各国道里为不实，作为古书数字不确之证。不知《汉书》所载者，乃人行道里；经纬度两点间之直线距离，则昔人谓之天空鸟迹。截然两事，明见《尚书·禹贡疏》。不读《禹贡疏》，甚而至于不读《孟子》，本皆无足为奇，然欲以史学家自居而高谈疑古则谬矣。其说皆见昔年之《建设杂志》。（二）次为《文献通考》。论创作的精神，自以《通典》为优；然《通考》所分门类，较《通典》更密，不可谓非后起者胜。且马君所附考证，议论亦不乏，非徒能排比也。章实斋讥为策括之流，盖于此书实未细读，后人附和之，非知言也。《通志》二十略中，《六书》《七音》《校雠》《图谱》《金石》《昆虫》《草木》等，为旧时史志及《通典》《通考》所无，然非初学所急。故但就《通考》中裁取若干门类。可择读以下诸门：《田赋考》七卷，《钱币考》二卷，《户口考》二卷，《职役考》二卷，《征榷考》六卷，《市籴考》六卷，《土贡考》一卷，《国用考》

五卷，《选举考》十二卷，《学校考》七卷，《职官考》十一卷，《兵考》十三卷，《刑考》十二卷，《封建考》十八卷，共一百零四卷，日读一卷，三个半月可毕。（三）此外，章实斋在其所著《文史通义》中，竭力强调别编文征，以补后世有关系的文字太多，正史不能备载之缺。此即予所言治史宜兼考集部中不属于记载部分之理。凡纂辑历代文字者，如《全上古三代秦汉三国六朝文》等，固均有此作用。然其时代最近，读之易于了解，且易感觉兴味者，要莫如贺耦庚的《经世文编》，此书题贺耦庚之名，实则魏默深先生所辑。续编有数种，内容之丰富，皆不逮之。可随意泛览数卷，以见其体例。前人读史，能专就一事，贯串今古，并博引史部以外的书籍，以相证明，此可见其取材之广。而深求其利弊的，莫如顾亭林的《日知录》，亭林此书，就所搜集之材料观之，似尚不如今人所作专题论文之广，然昔人之为此，意不在于考据，故于材料，必有关论旨者然后取之，余则在所吐弃，非未曾见也。严格论之，必如此，乃可称为著述，徒能翻检抄录，终不离乎比次之业耳。可先读其第八至第十三卷。其包孕史事，意在彻底改革，最富于经世致用的精神的，莫如黄梨洲的《明夷待访录》，卷帙无多，可以全读。清代考据家之书，钱辛楣的《廿二史考异》，最善校正一事的错误；王西庄的《十七史商榷》，长于钩稽一事的始末；赵瓯北的《廿二史札记》，专搜集一类的事实，将其排比贯串，以见其非孤立

157

的现象而发生意义；均宜随意泛览，以知其治学的方法。此等并不费时间。然则我所举第一步应读之书，苟能日读一卷，不使间断，为时不过一年余耳。必有人讥议我所举的不周不备。既读《通鉴》，如何不读《续通鉴》《明通鉴》或《明纪》呢？既读《通考》，如何不读《续通考》《清通考》《续清通考》呢？难道所知者只要限于五代、宋以前吗？殊不知我所言者，乃为使初学者窥见旧时史籍体例起见，非谓以此使其通知史实。若要通知史实，则所求各有不同，人人宜自为之，他人岂能越俎代庖，一一列举？老实说，所谓门径，是只有第一步可说，第二步以下，就应该一面工作，一面讲方法的。方法决不能望空讲，更不能把全部的方法一概讲尽了，然后从事于工作。譬如近人教人读史时，每使之先读《史通》《文史通义》。此两书诚为名著，然其内容，均系评论前人作史的得失。于旧史全未寓目，读之知其作何语？讲亦何从讲起？所以我所举初学应读之书，就不之及了。史部书目分类，历代各有不同，然大致亦相类。今试举最后的清代四库书目为例，则我所指为史部重心的，实为正史、编年、纪事本末、政书四类。居今日而治史学，重要者固不尽此，然此四者，仍不失其最重要的性质，说已具前。四类书中，我所举者，仅及编年、政书两类。因正史事实割裂，初学不易读；纪事本末，则读《通鉴》时可以翻阅其目录，知一时代之中共有几件大事，而欲查检前文时，亦可于此中求之，则不待读而已可通知其体例矣。此四类之外，曰别史，系体裁与正史相同，而未列为正史者；曰

158

杂史，则体例与正史相异，而所记事实，与之相类者；曰诏令奏议，则文征之一部分耳；曰传记，专考一人之行事，正史中之列传，尚且从缓，此自暂可搁置；曰载记，系记偏方诸国之事者，少数民族之历史，或包含于其中，于研究此问题者，甚为重要，初学亦难遽及；曰时令，此本不应入史部，讲经济史者，于治农家之书时，可供参考耳；曰职官，既从《通考》中知其大略，一时自不必求详；曰目录，治学术史时宜求之，此时亦可不及；曰史评，最要者为《史通》《文史通义》两书，此时之不能读，正文中已言之矣。惟地理一门，知其大概，亦颇切用。昔人于此，均先读《读史方舆纪要》。此书之观点，太偏于军事，然在今日，尚无他书可以代之。学者若能取其《总论历代州域形势》九卷，与一种州郡名较完全的读史地图对照；于各省，则取其论封域及山川险要者，及各府下之总论，粗读一过，费时亦不过月余耳。史部之书，初学第一步当读者，略尽于此。虽简易，似不失之陋。亦从工作中求门径，非空讲方法也。经、子之学，于治古史者关系最大，别见下节。子部中之医家、天文、算法、术数、艺术等，治专门史者乃能读之。较普通者，为关涉农、工二业之农寒、谱录两类，亦非初学所及也。

凡读书，决无能一字一句，无不懂得的。不但初学如此，即老师宿儒，亦系如此。吾乡有一句俗话说："若要盘驳，性命交托。"若读书必要一字一句都能解说，然后读下去，则终身将无读完一部书之日，更不必说第二部了。其实，有许多问题，在现时情形之下，是无法求解的；有些是非专门研究，不能得解，即能专门研究，得解与否，仍未可知的；有些虽可求解，然非读下去，或读到他书，不能得解，但就本文钻研，是无益的；并有些，在我是可不求甚解的。不分轻重缓急，停滞一处，阻塞不前，最为无谓。所以前人教初学读书，譬诸略地，务求其速，而戒攻坚。但定为应读的，略读则可，越过则不可，因为越过是不读，非略读耳。

治古史的特殊方法

上节所说，乃系指普通欲读中国旧史者而言；如性喜研究古史的，则更须有一种特殊的预备工作。

此所谓古史，古近之分，大略以周、秦为界。史事必凭记载，有无正式的记载，实为历史上一道鸿沟。我国在秦及汉初所传的史实，固多根据传说，全不可信。然史实的来源，虽系传说，而作史者所根据的材料，则多系记载，且其记载多系为记载而记载，而非凭借别种著述流传下来。当此时期，我们就算它有正式的记载了。史公所记汉兴时事，《汉书·司马迁传赞》谓其出于楚、汉春秋，此非指陆贾所著，春秋二字，为古史籍之通称，盖凡记楚、汉间事者皆属焉。其书既可总括称为春秋，必系为记事而作，非发表主观见解，引史事为佐证，甚或出于虚构者矣。秦、汉间史迹，仍有带此等性质者。如《史记·李斯列传》载斯在狱中上二世书，论督

161

责之术以求免，盖儒家诋毁法家者所为。《娄敬传》载敬说汉高祖移都关中，其辞全为儒家之义（见《吕览·侍君览》），盖亦儒家所附会也。然此等渐少，故论史籍原料者，有书籍为据，与有史籍为据，仍系两事也。这种转变，大体以周、秦为界。所以治周以前的历史，即所谓先秦史者，是有一种特殊的方法的，但知道普通读史方法还嫌不够。

读古史的方法如何？即治经、子的方法而已。因为古史的材料，都存于经、子之中。所以治古史的，对于治经、子的方法，虽不必如治经、子之学者之深通，亦宜通知至足以治古史的程度。史事前后相因，后世之事，无不导源于古。所以治古史之法，但欲读普通史者，亦不可全不知道，不过较专治古史者，又可浅近一些而已。因其方法特殊，所以别为一节论之。读者可视其对于古史兴味的深浅，以定其对于本节所说用功的深浅。

把书籍分为经、史、子、集四部，乃系后世之事，在古代则无集而只有子，说已见前。现存最古的书目，实为汉时刘向、刘歆父子所定的《七略》。《汉书·艺文志》即本此而成。此为汉时王室藏书的目录。其所藏庋颇富，故据之以论古代学术的流别，最为完全。近人讲古代学术流别，多喜引《庄子·天下》《荀子·非十二子》《淮南子·要略》及《史记·自序》载其父谈论六家要旨之辞，此等诚皆极宝贵之材料，然皆不如《汉志》之完全。因其时代较早，学术尚守专门，所以书籍的分类，和学术的分类，大致相合，深为后人所景仰。其实此乃时代为之，不关编次者之本领也。《七略》中的《辑略》，仅总论编辑之意，其中并无书目。《六艺略》即群经，因汉人特尊儒家，乃别之于诸子之外，其实儒家亦诸子之一，说已见前。《兵书》《数术》《方技》，各为专家，因校雠者异其人，所以书亦各为一略，以学术流别论，自当列为诸子之一。《诗赋略》专收文辞、记事之书，并不别为一类。今之《史记》，《汉志》称为《太史公书》，特附《春秋》之末而已。然则就心理根据言之，其时根据记忆的记载，尚未与根于理智的学术分张，而特与根与情感的文辞对立也。《诗赋略》中的书，后世亦多入子部。然则欲治古史者，其材料，信乎都在经、子之中了。

经、子，我们本平等相看，然自汉以后，儒家之学盛行，（一）其书之传者独多，（二）而其训释亦较完备。借径于治经以治子较易，而独立以治子，则殆不可能。所以要治古史的，于经学，必不可不先知门径。

治经的门径如何？第一先须细读经的本文。凡书经熟读，则易于了解，而治之不觉费力，且随处可以触发。从前读旧书的人，小时都熟诵经文，所以长大了要治经较易。现在的学子，这一层功夫都没有了，再要补做，既势不可能，而亦事可不必。因为一一熟诵，本来亦属浪费也。但古经、子究较后世之书为难解，读时用力稍多，则势不能免。所以对于古史有兴味的人，最好能于群经中先择一种浅近的注解，此只求其于本文不太扞格，可以读下去而已。既非据为典要，故任何注释皆可取，总以简明易看为主。阅读一过。觉得其有用而难解之处，则多读若干遍，至读来有些习熟，不觉费力为止。群经本文无多，昔人言读注疏虽不甚费力，亦一年可毕，译仲修语。况于择取浅近的注？为时不逾一载，可以断言。第二须略知训诂。读古书须通古代的言语，人人所知。训诂本身，亦为一种学问，治古史者，自不必如治小学者之专精，只须通知门径，遇不应望文生义之处，能够知道，能够查检而已。其第一部应读之书，仍为《说文解字》。无论钟鼎、甲骨文字，考释者均仍以篆书为本。不知篆书，不徒自己不能解释，即于他人之解释，亦将不能了解也。此书看似枯燥，但其中的死字可以看过便弃；熟字只有固定意义的，亦不必究心；如鲤字是。虎字同为动物名，然有虎虎有生气等语，其含义便较广。只其有引申、假借的，须注意以求通知其条例。字之妙用，全在引申、假借。若每字只有一义，则单字必不够用。若有一义即造一字，则单字将繁极不堪、不可复识矣。且文字所以代表语言，语言以音为主，音同义异，而各别造字，而义之同异，各人所见不同，益将纷然淆乱矣。一种言语内容的丰富，因恃复音之辞之增多，亦恃为复音之辞之基本之单字含义之丰富。单字含义之丰富，则一由引申，一资假借。引申者，同一语言，而含多义，自不必别造一字；假借者，本系两语，而其音相同，然其不虞混淆者，亦即合用而不别造，皆所以限制单字之数者也。如此，则全书字数虽有九千余，其所当注意者，实不过数百而已。全书十四篇，加《序》一篇，以段懋堂的《注》和王菉友的《句读》，同时并读，《说文》一书，久不可读，清儒始创通条例，其首出者实为段懋堂，故段《注》虽专辄，错误处多，必不可以不读。王菉友于《说文》，亦功力甚深，《句读》系为初学而作，简浅而平正，且可附带知古书句读之法，故亦宜一读。假令半个月读一篇，为时亦不过七个半月而已。又凡字都无十分固定的意义，随着应用而都小有变化。此不能于训诂之书求之，非读书时涵泳上下文不能得。此法至清代高邮王氏父子而始精，且几乎可说到他们而后创通。所以王伯申的《经传释词》，必须一读。不求记忆而但求通知其条例，阅览甚易。全书十卷，日读一卷，可谓绝不费力。

　　经的本文既经熟习，训诂亦有相当门径，要研究古史的，自可进而阅读各种注、疏。疏谓注之注，非专指汇刻之《十三经注疏》言。但在阅读注、疏以前，尚宜有一简单的预备。因为解经大别有汉、宋二流，讲义理别是一事，治史则旨在求真，汉人之说，自较宋人为胜，汉儒理解之力，远逊于宋儒，但宋儒喜据理推论，而不知社会之变迁，多以后世情形论古事，每陷于错误；汉儒去古近，所知古事较多，其言有时虽极可笑，究于古事为近真。而汉学中又有今、古文两派，对于经文的解释，甚至所传经文的本身，都时有异同，亦必须通知其门径也。学者于此，当先读陈

165

恭甫的《五经异义疏证》。此书乃许慎列举今古文异义，加以评骘，而郑玄又对许氏加以驳正者，今古文异义重要的，略具于此。今古文说，初非每事俱异。朱希祖曾在《北京大学》月刊撰文，欲依"立敌共许"之法，取经文为今古文家所共认者，立为标准，然后据以评定其异义。不知异义之存，皆用此法不能评定者也。不然，从来治经者，岂皆愚骏，有此明白简易之法而不之取邪？况就今学立场论，经文并不重于经说，因经学所重在义，义多存于口说中，且经文亦经师所传，经师所传之经文可信，其所传之经说亦可信，所传之经说不可信，则所传之经文亦不可信。朱氏偏重经文，即非立敌共许之法也。次则《白虎通义》，为今文经说的荟萃。此书有陈卓人《疏证》，浏览一过，则于经学中重要的问题，都能知道一个大概，然后进而求详，自然不觉费力，且可避免一曲之见。廖季平的《今古文考》现在不易得。此书论今古文之异，原于一为齐学，一为鲁学，实为经学上一大发明。又前此分别今古文者，多指某书为今文，某书为古文；其细密者，亦不过指某篇为今文，某篇为古文。至廖氏，始知古书编次错乱，不但一书之中，今古杂糅；即一篇之中，亦往往如此。分别今古文者，宜就其内容互相钩考，方法可谓最密。廖氏中年以后，学说渐涉荒怪，然不能以此累其少作。此书如能得之，可以一览，卷帙甚少，不费时也。经、子所重，都在社会、政治方面，此于治经、子者固为重要，于治史者实更为重要也。《异义》三卷，《通义》十二卷，日读一卷，不过半个月，合诸前文所举，历时亦仅两年耳。

经学既有门径，同一方法，自可推以治子。治子第一步工夫，亦在细读子之本文。古子书重要的有：《老子》二卷，《庄子》十卷，《列子》系晋张湛伪造，中亦间存古说，初学可暂缓。《荀子》二十卷，《墨子》十五卷，名家之学，道原于墨，见其书中之《经》上、下，《经说》上、下及《大取》《小取》六篇。至惠施、公孙龙等而恢廓，见《庄子·天下篇》。名家之书，今有《公孙龙子》。其书《汉志》不著录，必非古本；但辞义古奥，不似伪造，盖古人辑佚之作，初学可从缓。《管子》二十四卷，《韩非子》二十卷，《商君书》五卷，《孙子》一卷，《吴子》一卷，《司马法》一卷，亦出辑佚，无甚精义，可从缓。《六韬》，论者以其题齐太公撰而指为伪。然古书用作标题之人，本不谓书系其人手著，特谓其学原出此人耳。此说并亦不足信，然与书之真伪无关，因此乃古人所谓"名其学"，当时学术界有此风气也。《六韬》决非伪书，然多兵家专门之言，初学亦可暂缓。《吕氏春秋》二十六卷，《淮南子》二十一卷。此书虽出汉世，多述古说，与先秦诸子无异。其《周书》十卷，此书世多称为《逸周》。逸乃儒家所用之名词，诗、书等不为儒家之经所取者，则谓之逸。不站在儒家之立场上，实无所谓逸也。此书与儒家所传之《尚书》，体裁确甚相似，然述武王灭殷之事，即大不相同。可见古所谓书，亦春秋、战国时人作，其原出于古记言之史，然决非当时史官原作也。《战国策》三十三卷，旧入史部，然《周书》实兵家言，《战国策》实纵横家言，《鬼谷子》伪书，且无价值。并诸子之一。《山海经》十八卷，旧亦入史部；《楚辞》十七卷，则入集部。

二书中藏古神话最多，且最真，说已见前，并宜阅读。诸书合计二百二十二卷，日读一卷，费时亦不及两年也。注释可择浅近易晓者读之，亦与读经同。

读古史必求之经、子，可试举一事为例。秦始皇之灭六国，实变诸侯割据的封建国家为中央集权的封建国家，其事在公元前 221 年，距今（1954 年）不过二千一百七十五年耳。自此以前，追溯可知的历史，其年代必尚不止此。中国以中央集权成立之早间于世界，然其与诸侯割据之比尚如此，足见其事非容易。此自为历史上一大转变，然其事迹，求诸古代的记载，可见者甚少，而求诸古人学说之中，则反有可见其概略者。经书中言封建之制：今文为公、侯皆方百里，伯七十里，子、男五十里，不能五十里者，不达于天子，附于诸侯，曰附庸。《礼记·王制》《孟子·万章下篇》。古文则公方五百里，侯四百里，伯三百里，子二百里，男百里。《周官·大司徒》。诸子之说，大致皆同。诸子书《管子》多同古文，因其与《周官》同为齐学也。余皆同今文。观诸子书不与今同，即与古同，即可知其非无本之说也。古书所言制度，非古代的事实，而为学者所虚拟的方案，理极易明，无待辞费。然思想亦必有事实为背景，而向前看，非向后看之理，昔人不甚了解，故其思想，又必较时代为落后。然则今文家的学说，盖出春秋时，而其所欲仿行者，为西周初年的制度；古文家的学说，盖出战国时，而其所欲仿行

168

者，为东周初年，亦即春秋时的制度。何以言之？按《穀梁》说：古者天子封诸侯，其地足以容其民，其民足以满城而自守也。襄公二十九年。此为立国自有其一定的大小，不容强事扩张，亦不容强加限制的原因。《左氏》说夏少康"有田一成"，哀公元年。此语当有所本。《易·讼卦》："其邑人三百户。"《疏》云："此小国下大夫之制。"《周礼·小司徒》：方十里为成，九百夫之地，沟渠、城郭、道路，三分去一，余六百夫，又以不易、一易、再易，定受田三百家。《吕览》谓"海上有十里之诸侯"，《慎势篇》。《论语》谓管仲"夺伯氏骈邑三百"，《宪问篇》。正指此。然则夏代的名国，在东周时，仅为小国下大夫之封了，可以见其扩张之迹。方百里之地，划为一政治区域，在中国行之最久。此其形势，盖确定于春秋时，方七十里、五十里及不能五十里之国，在西周时，盖尚当获厕于会盟、征伐之列；然至东周之世，即浸失其独立的资格，而沦为人之私属；如《左氏》襄公二十七年弭兵之会，齐人请邾，宋人请滕，以为私属，二国遂不与盟。而其时的大国，却扩充至五百里左右；《礼记·明堂位》说：成王封周公于曲阜，地方七百里。《史记·汉兴以来诸侯年表》说：周封伯禽、康叔于鲁、卫，地各四百里；太公于齐，兼五侯地。皆后来间拓的结果，说者误以为初封时事。据此形势而拟封建方案者，就起于百里而终于五百里了。然大于百里之国，初非将百里的区域撤销，而改组为二百里、三百里、四百里、

169

五百里的区域，乃系以一较大的区域，而包含若干个方百里的区域于其中。观楚灭陈、蔡，以之为县；《左氏》昭公十二年。晋亦分祁氏之田为七县，羊舌氏之田为三县；《左氏》昭公二年。商君治秦，亦并小都、乡、邑聚以为县；《史记·商君列传》。而秦、汉时之县，仍大率方百里可知。《汉书·百官公卿表》。此一基层的官治单位，迄今未有根本的改变，所以说行之最久。而五百里左右的政治区域，则为郡制成立的根源。此为郡县制度发生于割据时代的事实，亦即中央集权的封建制度，孕育于诸侯割据的封建制度之中。至于方千里之国，《左氏》襄公三十五年，子产说其时的大国，"地方数圻"，圻、畿一字，则又大于方千里。盖以其幅员言之如此，其菁华之地，则不过方千里而已，犹后世内地与边郡之别也。则今、古文家同谓之王，在周以前，从无封国能如此之大，亦从无以此等大国而受封于人的，所以拟封建方案者，并不之及了。楚、汉之际及汉初封国，有大于此者，然只昙花一现而已。古人立说，主客观不分，将自己所拟的方案，和古代的事实，混为一谈，遂使人读之而滋疑，然苟能善为推求，事实自可因之而见。且如今文家说巡守之制：岁二月东巡守，至于岱宗；五月南巡守，至于南岳；八月西巡守，至于西岳；十有一月北巡守，至于北岳。这无论其都城在何处，巡完一方后回到都城再出，抑或自东径往南，自南径往西，自西径往北，以古代的交通论，都无此可能，其说似极不可信。然《孟

170

子·梁惠王下篇》载晏子说巡守之制云"春省耕而补不足，秋省敛而助不给"，则后世知县之劝农耳，何来不及之有？古人所拟方案，皆本于此等小规模的制度而扩大之，而其方案遂实不可行，使其纯出虚构，倒不至于如此不合情理了。足见其中自有事实，可以推求也。举此一事为例，其余可以类推。今古文异说，今文所代表的，恒为早一期的思想，其中即隐藏着早一期的事实；古文则反是。如言兵制，古文的兵教，即多于今文。

职是故，刘子玄所谓"轻事重言"之说，不得不常目在之，而利用经、子中材料的，不得不打一极大折扣。因为随意演说的，往往将其事扩大至无数倍也。如禹之治水，如今《尚书·禹贡》等所说，在当时决无此可能。此在今日，已无待辞费。《书经·皋陶谟》（今本分为《益稷》），载禹自述之辞曰："予决九川距四海，浚畎、浍距川。"九者，多数。川者，天然之河流。四海之海，乃晦字之义，四境之外，情形暗昧不明之地，则谓之海，非今洋海之海也。畎、浍者，人力所成之沟渠。然则禹之治水，不过将境内的沟渠，引导到天然的河流中；而将天然的河流，排出境外而已。《孟子·告子下篇》：白圭自夸其治水"愈于禹"，孟子讥之，谓禹之治水，"以四海为壑，今吾子以邻国为壑"，而不知禹之所谓四海，正其时之邻国也。白圭盖尚知禹治水之真相。《论语·泰伯篇》：孔子之称禹，亦不过曰"尽力乎沟洫"而已。此等皆古事真相，因单辞片语而仅存者，一经随意推演，即全失其原形矣。又因主客观不分，所以其所谓"寓言"者，明系编造之事，而可以用真人名；如《庄子·盗跖篇》

171

载孔子说盗跖之事。又可将自己的话，装入他人口中。如本书所引娄敬说汉高祖之事即是。所重之言如此；而其所轻之事，则任其真相湮没。凡单辞片语未经扩大者，其说皆可信，然其详则不传。因此，读古书的，于近人所谓"层累地造成"之外，又须兼"逐渐地剥落"一义言之，方为完备。而编次错乱一端，尚不在内。其方法，就不得不极其谨严了。但古人的思想，所走的系两极端。一方面，自己立说的，极其随便；一方面，传他人之说的，又极谨严。此即前所云传信传疑，及所据的材料、来源不同，不使其互相掺杂，亦不以之互相订补之例。书之时代愈早者，其守此例愈严。太史公的《史记》，所以胜于谯周的《古史考》、皇甫谧的《帝王世纪》者以此，此义亦决不可以不知。

以上的功夫既已做过，即可试读《史记》的一部分，以自验其能否了解、运用。中国所谓正史，必须以读古史的方法治之者，实唯此一部也。说到此，则又须略论史籍的起源。按古无史部之书，非谓其无历史的材料；相反，历史的材料正多，特其时的人，尚未知尊重客观的事实，莫能编纂之以行世耳。史料的来源，可分为史官记录、民间传说二者，民间传说，流传的机会较少，传世者实以史官所记录为多，说已见前。此等情形，乃系逐渐造成，在古代则又有异。古所谓史官，最重要者为左、右史。"左史记事，右史记言，言为《尚书》，事为《春秋》"，《礼记·玉藻》说："动则左史书之，言则右史书之。"郑《注》说："其书，《春秋》《尚书》其存者。"《汉书·艺文志》说"右史记事，左史记言"，左右二字怕互讹。《礼记·祭统》说"史由君右，执策命之"，亦右史记言之证也。这说法，大约是不错的。《春秋》的体例，盖原于邃古，其时文字之用尚少，而事情亦极简单，因之记事的笔法，亦随之而简单，尔后相沿未改，其为物无甚兴味，所以传述者不多。而《尚书》一体，因记言扩及记行，遂成为后来的所谓"语"，与古代社会口说流行的风习相结合，其体遂日以扩大。语之本体，当系记人君的言语，如今讲演之类。其后扩而充之，则及于一切嘉言；而嘉言之反面为莠言，亦可存之以昭炯戒。记录言语的，本可略述其起因及结果，以备本事；扩而充之，则及于一切懿行；而其反面即为恶行。如此，其体遂日以恢廓了。《国语》乃语之分国编纂者，《神语》则孔子之语之分类编纂者也。《史记》的列传，在他篇中提及，多称为语，如《秦本纪》述商鞅说孝公变法曰"其事在《商君语》中"是也。《礼记·乐记》述武王灭殷之事，亦谓之"牧野之语"。此外记贵族的世系的，则有系、世，出于《周官》的小史及瞽蒙。又凡一切故事，官家具有记录的，总称为"图法"，即后世的典志。《吕览·先识览》：夏之亡也，太史终古抱其图法以奔商；商之亡也，太史向挚抱其图法以奔周。自战国以前，历史的材料，大致如此。秦始皇的烧书，尸古书亡灭的总咎，实则其所烧者，不过官家所藏；若私家所藏，即所谓诗书百家语者，烧之必不能尽。然在战国以

173

前，除《世本》一书外，殆未有能编辑史官所记以行世者，故经始皇一烧而即尽，说已见前所引《史记·六国表》。《世本》一书，盖私人所编辑，已在民间所藏诗书百家语之列，故为秦火所不及。然则以《世本》为最早的历史，为《史记》之前驱者，其说殆不诬也。洪饴孙撰《史表》，即以《世本》列于《史记》之前，居正史之首。《世本》的体裁，见于诸书征引者，有本纪，有世家，有传，其名皆为《史记》所沿；有谱，则《史记》谓之表；有居篇、作篇，则记典章经制一类的事实，为《史记》所谓书，而《汉书》以下改名为志者。《世本》原书已不可见，就《史记》而推其源，则本纪及世家，出于古左史及小史；表源于谱；传者，语之异名，排列多人，故称列传，《列女传》者，列女人之传也。女传二字相属，列女二字不相属。后人以列女为一名词，实误。此盖源于右史；书则图法之类也。今人每喜凿言古之某书出于更古之某书；某人之学说源于较早的某人，或受其并时某人的影响。其实书阙有间，此事甚难质言。如《孟子·万章上篇》说尧、舜禅让，与《史记·五帝本纪》同，谓之同用孔门《书》说则可，近人凿言史公用《孟子》，即无据。然某书出于某书不可知，而其本源为古代某一类之书则可知；某说出于某人不可知，而其所据为某一派之说则可知。如晚出之《古文尚书伪孔传》，断言其为王肃所造，并无确据，然其为肃一派之学说则无疑。明于此义，则于现存之书，可以考见其本源，

174

读之更易明了，并可推考较现存之书更早一时期的学术状况了。

自疑古之说既起，人多以为古书之久经行世者，必多窜乱、伪造，其新发现者必真；书籍或不可信，实物则无可疑。因此，特重古物及新发现的古书。其言似极有理，然疑古亦有条理，不能执空廓之论硬套；而古物及新发现的书籍，亦尽多伪品，有所偏主而轻信之，有反上其当者。如汲冢所发现之古书，当时虽实有其物，然不久即悉行亡佚，无一传诸后世。所谓《竹书纪年》，出于明人者固伪；即后人所辑之古本，亦未尝不伪。可参看拙撰《晋南北朝史》第二十三章第八节（页一四五四至一四五九），又《先秦史》第四章（页三九）及第七章第四节（页七六）。又如近代所谓甲骨文，其中伪物亦极多。可参看拙撰《先秦史》第二章（页二一）。此等材料，取用不可不极谨慎。至于古物，新发现者自不易欺人；其久经流传者，真伪亦极难辨。章太炎曾谓：必（一）发现、流传、收藏、确实有据；（二）又其物巨大，牟利者不肯为，好事者不耐心为之者，乃为可信，自属稳健之说。予又益以发现、流传、收藏，在古物不值钱之时、之地，较之在值钱之时、之地者，可信的程度较高。持此鉴别，亦庶几寡过也。

怎样读中国历史

幼时读康南海的《桂学答问》，就是他劝人阅读全部正史。去年1934年章太炎在上海各大学教职员联合会演讲，又有这样的话："文化二字，含义至广，遽数之，不能终其物。方今国步艰难，欲求文化复兴，非从切实方面言之，何能有所成功？历史譬如一国之账籍，为国民者岂可不一披自国之账籍乎？以中国幅员之大，历年之久，不读史书及诸地方志，何能知其梗概？史书文义平易，两三点钟之功，足阅两卷有余，一部二十四史，三千二百三十九卷，日读两卷，一日不脱，四年可了，有志之士，正须以此自勉。"

诚然，中国的正史材料是很丰富的，果能知其梗概，其识见自与常人有异，然康、章二氏之言，究系为旧学略有根底者言之。若其不然，则（一）正史除志以外，纪传均以人为单位，此法系沿袭《史记》。此体创自《史记》实不能为太史公咎，因其时本纪世家列传材料各有来路，不能合并，且本纪世家与列传亦不甚重复。而后世史事的范围扩大了，一件较大的事，总要牵涉许多人，一事分属诸篇，即已知大要的人，尚甚难于贯穿，何况初学？（二）即以志论，典章制度，前后相因，正史断代为书，不能穷其因果，即觉难于了解。况且正史又不都有志，那么一种制度，从中间截去一节，更觉难于了解了。所以昔人入手，并不就读正史。关于历代大事，大抵是读编年史的，亦或读纪事本末。至于典章制度，则多读《通考》及《通志》之《二十略》，此法自较读正史为切要。惟（三）现在读史的眼光和前人不同了。前人所视为重要的事，现在或觉其不甚重要，其所略而不及的事，或者反而渴望知道它。所以现在的需要和前人不同，不但是书的体裁，即编纂方法问题，实亦是书之内容，即其所记载的事实问题。

如此则但就旧日的书而权衡其轻重先后，实不足以应我们今日的需要了。然则学习中国历史，应当怎样进行呢？

现在人的眼光和前人不同之处，根本安在？一言以蔽之，曰：由于前人不知社会之重要。一切事，都是社会上的一种现象。研究学问的人，因为社会上的现象太复杂了，而一个人的精力有限，乃把他分门别类，各人研究一门，如此即成为各种社会科学。为研究的方便，可以分开论，然而实际的社会，则是一个，所以各种现象仍是互相牵连的，实在只是一个社会的各种"相"。非了解各种"相"，固然无从知道整个的社会；而非知道整个的社会，亦无从知道其各种"相"，因而史学遂成为各种社会科学的根底，而其本身又待各种社会科学之辅助而后明。因为史学有待于各种科学之辅助而后明，史乃有专门、普通之分。专门的历史，专就一种现象的陈迹加以研究；普通的历史，则综合专门研究所得的结果，以说明一地域、一时代间一定社会的真相。严格言之，专门的历史还当分属于各科学之中，唯普通的历史乃是称为真正之历史。因为史学的对象，便是整个的过去的社会，但是专门的研究不充分，整个社会的情形亦即无从知道。而在今日，各个方面的历史情形实尚多茫昧，因此，专门及特殊问题的研究极为重要，史家的精力耗费于此者不少。

以上所述为现代史学界一般的情形。至于中国历史，则材料虽多，迄未用科学的眼光加以整理，其紊乱而缺乏系统的情形，自较西欧诸国为尤甚。所以（一）删除无用的材料，（二）增补有用的材料，（三）不论什么事情，都要用科学的眼光来加以解释，实为目前的急务。但这是专门研究家所有之事，而在专门研究之先，必须有一点史学上的常识，尤为重要。

研究学问有一点和做工不同。做工的工具，是独立有形之物，在未做工以前，可先练习使用。研究学问的手段则不然，它是无形之物，不能由教者具体地授与。对学者虽亦可以略为指点，但只是初步的初步，其余总是学者一面学，一面自己体会领悟而得的。善教的人，不过随机加以指导。所以研究手段的学习，即是学问初步的研究。当然，手段愈良，做出来的成绩愈好，亦唯前人所做的成绩愈好，而其给与我们的手段乃愈良。前此的历史书，既然不能尽合现在的需要，我们现在想借此以得研究历史的手段，岂不很困难？然而天下事总是逐渐进步的，我们不能坐待良好的历史书，然后从事于研究，前此的历史书虽明知其不尽合于今日我们的需要，而亦不能不借以为用，所以当我们研究之先，先有对旧日的史部作一鸟瞰之必要。

历史书有立定体例、负责编纂的，亦有仅搜集材料以备后人采用的。关于前者，其范围恒较确定，所以驳杂无用的材料较少；在彼划定的范围内，搜辑必较完备，所采用的材料亦必较正确。后者却相反。所以读历史书，宜从负责编纂的书入手。其但搜辑材料以备后人来择用的书，则宜俟我们已有采择的能力，已定采择的宗旨后，才能去读。昔人所视为重要的事项，固然今人未必尽视为重要，然而需要的情况不能全变，其中总仍有我们所视为重要的，即仍为今日所宜读。然则昔时史家所视为最重要的，是什么呢？

179

关于此，我以为最能代表昔时史家的意见的，当推马端临《文献通考序》。他把历史上的重要现象，概括为（一）理乱兴衰、（二）典章经制两端，这确是昔时的正史所负责搜辑的。不过此处所谓正史是指学者所认为正史者而言，不指功令所定。我们今日的需要，固然不尽于此，然这两端，确仍为今日所需要。把此项昔人所认为重要而仍为我们今日所需要的材料，先泛览一过，知其大概，确是治中国历史者很要紧的功夫。

但是今日所需要，既不尽同于昔人所需要，则今日所研究，自不能以昔人所认为重要者为限，补充昔人所未备，又是今日治中国历史者很紧要的功夫。

固然研究的手段，是要随着研究而获得的，但是当研究之前，所谓初步的门径，仍不可不略事探讨，这又是一层功夫。

请本此眼光，以谈论阅读中国历史书的具体方法：

关于第一个问题，正史暂可缓读。历代理乱兴衰的大要，是应首先知道的。关于此，可读《资治通鉴》《续通鉴》毕沅所编。《明纪》或《明通鉴》。此类编年史，最便于了解各时代的大势。如虑其不能贯串，则将各种纪事本末置于手头，随时检查亦可。但自《宋史纪事本末》以下，并非据《续通鉴》等所作，不能尽相符合而已。清代之史，可姑一读萧一山《清朝通史》，此书亦未出全，可再以近人所编中国近世史，近百年史等读之。典章经制，可选读《文献通考》中下列十三门：（一）田赋，（二）钱币，（三）户口，（四）职役，（五）征榷，（六）市籴，（七）土贡，（八）国用，（九）选举，（十）学校，（十一）职官，（十二）兵，（十三）刑。如能将《续通考》《清通考》、刘锦藻《续清通考》，均按此门类读完一遍最好。如其不然，则但读《通考》，知道前代典章经制重要的门类，然后随时求之亦可。此类史实，虽然所记的多属政事，然而社会的情形，可因此而考见的颇多。只要有眼光，随处可以悟入。若性喜研究这一类史实的人，则《通志·二十略》除六书、七音、草木、昆虫、氏族，为其所自创，为前此正史之表及《通典》《通考》所无外，余皆互相出入，亦可一览，以资互证。

历史地理，自然该知道大略。此事在今日，其适用仍无逾于清初顾祖禹的《读史方舆纪要》的。此书初学，亦可不必全读。但读其历代州郡沿革，且可以商务《历代疆域形势一览图》封读。此图后附之说，亦系抄撮顾书而成，次读其各省各府之总论，各县可暂缓。

历代的理乱兴衰，以及典章经制，昔人所认为最重要的，既已通知大略，在专研历史的人，即可进读正史。因为正史所记，亦以此两类事为最多。先已通知大略，就不怕其零碎而觉得茫无头绪了。正史卷帙太繁，又无系统，非专门治史的人，依我说，不读也罢。但四史是例外。此四书关涉的范围极广，并非专门治史的人也有用，读了决不冤枉。至于专门治史的人，则其不可不读，更无待于言了。工具以愈练习使用而愈精良。初读正史，原只能算是练习。四史者，正史中为用最广，且文字优美，读之极饶兴趣，又系古书，整理起来，比后世的书略难，借此以为运用工具的练习，亦无不可的。既读四史之后，专治国史的人，即可以进读全史。全史卷帙浩繁，不可望而生畏，卷帙浩繁是不足惧的，只要我们有读法，倒是太简的书不易读。读法如何，在乎快，像略地一般，先看一个大略。这是曾涤生读书之法。专门治史的人，正史最好能读两遍，如其不然，则将《宋书》《齐书》《梁书》《陈书》《魏书》《北齐书》《北周书》和《南史》《北史》，分为两组；《新唐书》《旧唐书》《新五代史》《旧五代史》亦分成两组，第一遍只读一组亦可。《宋书》《齐书》《梁书》《陈书》《魏书》《北齐书》《北周书》和《南史》《北史》大体重复，《新唐书》《旧唐书》《新五代史》《旧五代史》实在大不相同。正史包含的材料太多，断不能各方面都精究，总只能取其所欲看。看第一遍的时候，最好将自己所要研究的用笔圈识；读第二遍时再行校补。如此读至两遍，于专治国史的人受用无穷。正史的纪传太零碎了，志则较有条理。喜欢研究典章经制的人，先把志读得较熟，再看纪传，亦是一法。因为于其事实，大体先已明了，零碎有关涉的材料自然容易看见了。陈言夏的读史即用此法。正史中无用的材料诚然很多，读时却不可跳过，因为有用无用，因人的见解而不同。学问上的发明，正从人所不经意之处悟入，读书所以忌读节本。况且看似无用，其中仍包含有用的材料，或易一方面言之，即为有用。如《五行志》专记怪异，似乎研究自然科学如天文、地质、生物、生理等人才有用，然而五行灾异亦是一种学说，要明白学术宗教大要的人，岂能不读？又如《律历志》似更非常人所能解，然而度量衡的制度，古代纪年的推算，都在《汉书·律历志》中；而如《明史·历志》则包含西学输入的事实，亦岂可以不读？近来所出的正史选本，我真莫明其是据何标准，又有人说，正史可以依类刊行，如《食货志》归《食货志》，《四裔传》归《四夷传》之类，经人辩驳之后，则又说可将各类材料辑成类编，那更言之太容易了。

关于第二个问题。昔时史部的书不能专恃，必赖他部或近来新出之书补正的，莫如古史和四裔两门。古史的初期本与史前时代衔接，这时候本无正确的历史，只有荒渺的传说，非有现代科学的知识，断乎无从整理，所以宜先读社会科学的书。如文化人类学、社会进化史等等。古史较晚的材料，多存于经、子中。经、子虽卷帙无多，然解释颇难，合后人注疏考订之书观之，则卷帙并不算少，且颇沉闷。而且经学又有今文、

183

古文等派别，《书经》又有《伪古文》，如不通晓，则触处都成错误，所以因治古史而取材于经、子，对经、子的本身，仍有通晓其源流派别之必要。关于此，拙撰《经子解题》，入手时似可备一览。为治古史而读经、子，第一步宜看陈立《白虎通义疏证》、陈寿祺《五经异义疏证》。前者是今文家经说的结晶，而亦是古史的志。后者则今古文两家重要的点异已具于是。读此之后，再细读《礼记·王制》一篇和《周官》全部的注疏，则于今古文派别已能通晓，古代的典章经制亦可知其大要，并古代的社会情形亦可推知其大概了。大抵古代学问，多由口耳相传，故其立说之异同，多由学派之歧异，往往众说纷歧，实可按其派别分为若干组。若能如此，则残缺不全之说，得同派之相证而益明，而异派立说之不同，亦因此而易于折中去取。派别之异，最显而易见的，为汉代之古今文经说，然其说实导自先秦，故此法不但可以治汉人的经说，并可以之治经之正文，不但可以治经，并可推之以治子。分别今古文之法，以廖季平先生为最后而最精，其弟子蒙文通乃推之以治古史，其所撰《经学抉原》《古史甄微》两种必须一览。共结论之可取与否，是另一问题，其方法则是治古史的人必须采取的。

编纂周以前历史的人，自古即很多，但于今多佚。现存的书，以宋罗泌的《路史》所包含的材料为最富，刘恕的《通

184

鉴外纪》亦称精详。清代马骕的《绎史》亦称详备，可备翻检而助贯串。因其书系用纪事本末体。

外国有自己的历史，从前中国和他们的交通不甚密切，所传不免缺漏错误，此等在今日，不能不用他们自己的记载来补正，无待于言。亦有并无历史，即靠中国历史中的资料以构成他们的历史的，其中又有两种：一种是他们全无正式史籍的，另一种是虽有而不足信，反不如中国所存的材料的。此一部分中国历史实为世界之瑰宝，其材料虽旧，而研究的方法则新——不用新方法，简直可以全无所得。这方面现代人的著作，也不可以不读，此等著作以外国人的为多，这是因为设备和辅助的科学，外国的研究家所掌握的较为完全之故。近多有译本，其目不能备举，可自求而读之。

关于学术史。昔时专著颇乏，可以学案补之。宋、元、明学案，大略完备。如尚嫌零碎沉闷，拙撰《理学纲要》亦可备一览。清代则有江藩《汉学师承记》和梁启超《清代学术概论》。经学史则皮锡瑞《经学历史》颇为简要。佛学另系专门，如以史学眼光读之，则欧阳潮存所译《原始佛教思想论》、蒋维乔《中国佛教史》、吕澂《印度佛教史略》《西藏佛学原论》，似可依次一览。先秦学术，近人著作甚多，但只可供参证，其要还在自读原书。

关于第三个问题。读史的方法，亦宜参考现代人的著述。现代史学的意义，既和前代不同，研究的方法当然随之而异。生于现代，还抱着从前的旧见解，就真是开倒车了。论现代史学和史学研究法的书，其中强半是译本；自著的亦多系介绍外人之说。唯梁启超《中国历史研究法》及《补编》系自出心裁之作，对于史学的意义，自不如外国史学家得科学的辅助者之晶莹，而论具体的方法则较为亲切。商务所出论史学及历史研究法之书，大致都可看得，不再列举其名，其中《历史教学法》一种——美国约翰生·亨利著，何炳松译——虽编入现代教学名著中，却于初学历史之人很有裨益，因其言之甚为详明，所以特为介绍。中国论史学的学问，当推刘知几的《史通》、章学诚的《文史通义》。前书大体承认昔人作史之体裁，但于其不精密处加以矫正，读此对于昔人评论史裁之言，可以易于了解，且可知自唐以前史学的大概情形及唐代史学家的意见。章氏书则根本怀疑昔人的史裁，想要另行创造，其思想颇与现在的新史学接近。其思力之沉鸷，实在很可钦佩。这是中国史学史上很值得大书特书的事情。关于此两部书，我很想用现代史学的眼光加以批评比较，再追溯到作者的时代，而解释其思想之所由来。前者已成，名《史通评》，现由商务印行。后者尚未着手，然亦很想在最近把它完成。

研究的方法必须试行之后，方能真知。抽象的理论，言者虽属谆谆，听者终属隔膜，无已，则看前人所制成的作品，反而觉得亲切。昔人诗："鸳鸯绣出凭君看，不把金针度与人。"又有替他下转语地说："金针线迹分明在，但把鸳鸯仔细看。"这两句诗也真觉亲切而有味。此项作品，我以为最好的有两部：（一）顾亭林炎武的《日知录》卷八之十三。（二）赵瓯北翼之《廿二史札记》。前者贯串群书，并及于身所经验的事实。后者专就正史之中提要钩玄组织之，以发明湮晦的事实的真相，都为现在治史学的好模范。

于此还有一言。目录之书，旧时亦隶史部。此类之书，似乎除专治目录学者外，只备检查，无从阅读。尤其是初学之人无从阅读。但是旧时读书有一种教法，学童在读书之初，先令其将《四库书目提要》阅读一过，使其于学术全体作一鸟瞰，此项功夫我小时尚做过，但集部未能看完。自信不为无益。《四库书目提要》固然不足尽今日之学术，但于旧学的大概究尚能得十之八九，而此书亦并不难读，如能泛览一过，亦很有益的。

以上所论，都系极浅近之语，真所谓门径之门径，阶梯之阶梯。在方家看来，自然不值一笑，然而我以为指示初学的人，不患其浅，但患其陋耳，若因其言之浅，恐人笑其陋而不敢说，则未免拘于门面矣。我的立说虽浅，自信初学的人，或可具体应用。大抵浅而不陋之言，虽浅亦非略有功夫不能道，

187

若乃实无功夫，却要自顾门面，抄了一大篇书目，说了许多不着边际的话，看似殚见洽闻，门径高雅，而实则令人无从下手，此等习气则吾知免矣。

丛书与类书

丛书与类书名目甚多，无讲述之必要。今所欲言者，丛书与类书之编辑，可表示研究学问之两种趋向耳。

我国类书，发源极早。最初一部名《皇览》，成于三国时。此外卷帙较巨而现存者，如唐《艺文类聚》《意林》，宋《太平御览》《太平广记》，明《永乐大典》，清《图书集成》等。佚亡者更难枚举。类书之作，其所表示之趋向，为分科收集材料，古时学术本不分科，其后研究进步，始知分科；世由简单渐趋繁复。学术所以须分科者，以宇宙之大，现象之多，吾人研究，仅能专于一小部分，而一小部之材料，有时仍不能尽窥；则不得不从事搜集。学术之对象，本存乎空间，不存乎纸上。然亦有须求助于纸张上者：（一）就时间言，过去之事，已无痕迹可寻，如历史是也。（二）就空间言，其物虽在，而直接观察困难，且不经济，如地理是也。材料之见于纸上者，皆漫无统绪，则须为之分科。其大同小异，重复矛盾者，则又须删除斠正。此类书之所以作也。

丛书之刊，乃集各种不同之书而合印之，本无多大意义。世人所以重视丛书者，以其中有精本、孤本、校本、辑本。盖注意其精，而非注意其丛也。丛书明以前所刻，其精本不足称，不过中有孤本、旧本。故亦为人所重耳。此仅刊印上事。至清人所刻，则足以表示其校勘考据之学风。其中辑本尤为可贵。如《尚书大传》清人辑本，与固有之通行本，判然不同；《竹书纪年》则与明人伪物截然殊科矣。总之，古书真相湮没，而使之焕然复明。此等成绩，皆存于清人所刻丛书中也。

无论何种学风，时代相近，则关系密切。清代学风，自易为吾人所承袭。然考据之学，有其利亦有其弊；实事求是，其利也。眼光局促，思想拘滞，其弊也。学问固贵证实，亦须重理想。古之大发明家，往往先得其理，而后求事实以证之。亦有未能搜集证据，留待后人者。凡研究学术，不循他人之途辙，变更方向自有发明，为上乘。此时势所造，非可强求。循时会之所趋，联接多数事实，发明精确定理者，为中乘。若仅以普通眼光，搜集普通材料，求得普通结论者，则下乘矣。此恒人所能也。同一谈考据，亦有其上下之分，斯宾塞治社会学，其证据皆请助于搜集。斯宾塞中乘也，其助手则下乘也。

190

近日之学风，颇视此等下乘工作为上乘，误会研究学问不过如此，则误矣！章太炎氏二十年前演讲，曾谓：中国学术坏于考据，拘泥事实，心思太不空灵，学术进步受其阻碍。此说，予当时不甚谓然。今日思之，确有至理。一切学问，有证据者未必尽是；无证据者，未必尽非。非无证据，乃其证据猝不可得耳。此等处，心思要灵，眼光要远，方能辨别是非，开拓境界。

清人求真之精神固不可无，然处今日学术方向变换之时代，类书之编印，实尤为必要。将一切旧书抖散，照现在研究之门类编成大类书，实足使治学者省去一部分精力，而给以不少方便。特非私人之力所及耳！编类书几乎可以说是各种学问都需要，而以此驾驭旧书，为前此学术算一笔总账，尤其切要。因前此学术，在性质上确可与现今划一时期也。唯集众编辑，仅能得普通眼光所能见之材料。至于必专门家之眼光，随研究随发现者，则不在其内耳。然仅将所有材料尽量搜辑，用普通人之眼光分别部居，治学者之受赐已不少矣！

史学上的两条大路

现在讲起新史学来，总有一个不能忘掉，而亦不该忘掉的人，那便是梁任公先生。梁先生的史学，用严格的科学眼光看起来，或者未能丝丝入扣。从考据上讲起来，既不能如现代专家的精微，又不能如从前专讲考据的人的谨严，他所发表的作品，在一时虽受人欢迎，到将来算起总账来，其说法能否被人接受还是有问题。但他那种大刀阔斧，替史学界开辟新路径的精神，总是不容抹杀。现在行辈较前的史学家，在其入手之初，大多数是受他的影响的，尤其是他对于政治制度，社会情形，知道的很多；他每提出一问题，总能注意其前因后果，及其和现在的关系，和专考据一件事情，而不知其在全部历史中的关系的，大不相同；所以其影响学术界者极大。还记得前清光绪末年，他办《新民丛报》时，本来是主张革命的，在

192

《新民丛报》第十八期以前，宗旨颇为激烈。到第十九期，刊载出一封康有为的信来，亟言革命之易，易发难收，不可不慎。从此以后，他的宗旨，也就渐渐地变了，而成为君主立宪派，和办《民报》的胡汉民等人，辩论得很为激烈，这是当时政见不同的问题，在今日，自不必再去论其谁是谁非。但我还记得他的一句话，他引俗话的"相见好，同住难"以言当时革命党的内部，不能无问题。照他们那种急功近利的见解，径行直遂的手段，一定要招致危险的。果然，自辛亥以来，问题起于革命党内部的极多，影响于大局的亦极大，老实说：二十年来的内争，所丧失的人力物力何限？所招致的外患又何限？直到今日，还有因私人的恩怨，而不恤倒行逆施的人。他当日所顾虑的，有一部分，就竟和预言无异了。到宣统初年，他改办《国风报》了。我在他的发刊词里，也还记得一句话。他说："照我们中国历史上的情形看起来，每到九州扰攘，蜩螗沸羹之际，而非常之才出焉。所以前途决无所虑。"果然，最近三年来，我们遇见旷古未有的危难，亦自有旷古未有的英雄出来，领导我们奋斗。他的希望，又和预言一般的应验了。然则一切事情，都给以往规定了，只要知道历史，就能够预测未来吗？然而当西力东侵之时，我们所以应付他的，又何尝不本于历史上的智识？其结果又是如何呢？

历史是这样的：你要拘泥着它，说将来的事情，一定和以

193

往的一样，我们可以抄袭老文章来应付新环境，那一定是上当的。因为社会是刻刻在变动的，并不和自然现象一般，翻来覆去地专走老路。从前的人，认一治一乱为循环，只是把自然界的现象误推之于人事。中人国循环的观念，其根源是从《易经》上来的，《易经》上此项思想，其根源乃从观察寒暑昼夜等而得，根本是自然界的法则，并不是人事的公例，此正不独《易经》为然。古今中外的哲学，误将自然界的法则，硬推之于人事的很多，此等笼统虚缈的观念，看似根据坚强，实多牵强误谬。将来社会科学进步，必须要纯粹从社会现象上归纳出原理原则来，将此等笼统玄妙的观念，一扫而空之然后可。从社会现象上归纳出来的原理原则，固然仍可和自然现象的原理原则相通，然两者各有其独立的立场，而后会通之以建立更高的原理则可。若于社会现象，实无彻底的研究，而姑借用自然现象的原理原则则不可。此意，好学深思之士，必能知之。你要是把它抹杀了，一切眼前的问题，即本于一个人的见解，即所谓私智者来应付，那又是要上当的。因为社会虽不是一成不变，而其进化，又有一定的途径，一定的速率，并不是奔轶绝尘，像气球般随风飘荡，可以落到不知哪儿去的。所谓突变，原非不可知之事，把一壶水放在火炉之上，或者窗户之外，其温度之渐升渐降，固然可以预知，即其化汽结冰，又何尝不可预知呢？

然则世事之不可预知，或虽自谓能知，而其所知者悉系误谬，实由我们对于以往的事，知道得太少，新发展是没有不根据于旧状况的。假使我们对于以往的事情，而能够悉知悉见，那么，我们对于将来的事情，自亦可以十知八九，断不会像现在一般，茫无所知，手忙脚乱了。但是社会的体段太大了，对于以往的事，悉知悉见，几乎是不可能；即求大体明白，亦和我们现在的程度，相差很远。假定地球上之有人类，是五十万年，我们所有的历史，远的亦不过五千年左右，而其中的强半，还是缺佚、错误，不可依据的。这好像一个人，已经一百岁了，我们所知道的，只是他一年来的事，而还不完全、确实，我们如何能了解这一个人呢？现在史学家工作之难，就是为此。人类以往的事情缺佚错误的，那是由于人类从前文化程度的低下，不知道把该记录的事情记录下来之故，现在史学家的工作，就是要把从前所失去的事情，都补足，所弄错的事情，都改正。这是何等艰巨的工作？现在史学家的工作，简言之，是求以往时代的再现。任何一个时代，我们现在对于它的情形，已茫无所知了，我们却要用种种方法钩考出这一个时代的社会组织如何，自然环境如何，特殊事件如何，使这一个时代，大略再现于眼前。完全地再现，自然是不可能，可是总要因此而推求出一个社会进化的公例来，以适用之于他处。如此，所积者多，互相补足，互相矫正，社会进化的途径，就渐渐明白了，这才是用客观的方法，从人类社会的本身，钩求出来的进化的原理原则，和从前的人，贸然把自然界的原理原则等，硬推之于人事界的不同。于是有收集材料的人；有根据他种科学从事解释的人；有汇集众人研究所得，观其会通的人；万绪千端，随在都可以自见，承学之士，正可各就其性之所近而致力；而其中大概可分为通史和专门史两门。专门史是注重搜罗某种材料的，通史是注重于观其会通的。专门之中又有专门，通之上又有通，其层累曲折，难以一言尽，而其性质则不外乎此，这是史学上的一条大路。

史学的意义，在科学的立场上讲，固然是很为严格的；从应用一方面讲，其意义都又极其广泛。我们现在，再说什么以史事为前车之鉴，以古人的行事为法戒，怕略知史学的人，都会笑我们见解的陈腐。可是严格地依科学方法研究历史的人少，和历史有接触的人多，我们不能禁止不治史学的人和历史接触，我们就希望其从历史上得到些益处。一种学问，可以裨益于人之处，是很广泛的，所谓开卷有益。仁者见仁，智者见智，其方面原不能限定。在《三国志·吕蒙传注》里，曾有这样一段记载："初权（孙权）谓蒙及蒋钦曰：'卿今并当涂掌事，宜学问以自开益。'蒙曰：'在军中常苦多务，恐不容复读书。'权曰：'孤岂欲卿治经为博士邪？但当令涉猎见往事耳。卿言多务，孰若孤？孤少时历《诗》《书》《礼记》《左传》《国语》，唯不读《易》。至统事以来，省三史、诸家兵书，自以为大有所益。如卿二人，意性朗悟，学必得之，宁当不为乎？宜急读《孙子》《六韬》《左传》《国语》及三史。

孔子言终日不食，终夜不寝以思，无益，不如学也。光武当兵马之务，手不释卷；孟德亦自谓老而好学；卿何独不勉勖邪？'蒙始就学，笃志不倦。其所览见，旧儒不胜。后鲁肃上代周瑜，遇蒙言议，常叹受屈。肃拊蒙背曰：'吾谓大弟但知武略耳，至于今者，学识英博，非复吴下阿蒙。'权常叹曰：'人长而进益，如吕蒙、蒋钦，盖不可及也。'"不论在什么时代，学问之家，总有其所当循的门径，当守的途辙，此即所谓治学方法，在昔人，不过不如现在科学昌明时代之谨严细密而已。必不是随意领略，就可以算作正确的，所谓开卷有益者，则全异乎此，不过因此触悟而已。其所心得，给正式治学问的人听了，或者竟是一场笑话。然而断不能说他们未曾因此而得益，此学问之道所以广大。一个人要想做一番事业，总不免有些艰难困苦。这种艰难困苦，来自社会一方面的，比之来自自然方面的，要加出几倍。因为一种是有一定的规律，可以预料的，一种却不能，然而人能了解此种道理的很少。他们看见社会现象的规律，不如自然现象的简单死板，不因此而悟到其更难应付，却以为既然活动，总好商量，存着一种希冀侥幸的心理，其意志便不坚强，思虑便不精密。又人事是容易激动人的感情的，和自然现象无恩无怨的不同。感情一经激动，步伐就更形凌乱，手段就更不适当了。初出茅庐的人，气吞江海，一受挫折，就颓然不能自振，多半由此。欲救此弊，唯有增加阅历，从事锻炼，然人生不过数十寒暑，又所遭的境遇，各有不同，玉汝于成的机会，能够遇到的人，是很少的。不得已，唯有求之于书籍，见前人所遭的危难，百倍于我，所遭遇的事情的离奇变幻，亦百倍于我，然后知人事之难于应付，乃是当然之理，不期其易，自然不觉其难，本视为当然，自然无所怨怒，意志就自然坚强，思虑就自然精密了。固然，书本上的话，和事实总还隔着一层；真正的经历、锻炼，总还要从事实上来，然而当其入手之初，得以此打定一个底子，总和空无所有的，大不相同。而在经历锻炼之中，得史籍以互相证明，亦愈觉其亲切而有味，古来建立事功的人，得力于此的，实在不少，这虽非纯正的学术的立场，亦不能说不是史学上的一条大路。

这两条路，一条是对治学的人说的，一条是对治事的人说的。人总不外乎走这两条路，而史学都是能给你以益处的。读史本是一件有趣味的事情，我们当入手之初，正不必预存成见，尽可随意泛滥，到将来，你自然会因性之所近，而走上两条路中的一条的。

论　文　史

一

近来刘大杰先生写信给我，颇叹息于青年肯留意于文史者太少，这确亦是一个问题。

文学，即旧日所谓辞章之学，讲朴学和经世之学的人，本都有些瞧它不起，以为浮华无实。这也不免于一偏，但他们不过不愿意尽力于文学而已，对于旧书的文义，是能够切实了解的，现在就很难说了。还记得二十余年前，章行严先生说过一句话：现在的文字，只要风格两样一些，就没有人能懂得了。这句话，确使人闻之痛心。

所谓风格，直接些说，就是俗话所谓神气。我们对于一个人的意思的了解，不但是听他说话，还要领略他的声音笑貌等等，文字就是语言的扩大，然这些辅助的条件都没有了，所以其了解要难些。然于文字不能确实了解，即不能得作者的真意。所以要了解旧书，旧文学不能没有相当的程度。

对于旧书，喜新的人，或者以为不值得留意。但它毕竟是材料的一部分；比外国的材料，还要亲切些，这如何能够不留意呢？

二

说到本国的材料，比来自外国的要亲切一些，就可因文而及于史了。我现在且随意举几个例，如：（一）外国人有肯挺身作证的风气，所以其定案不一定要用口供，中国就颇难说了。任何罪案，在团体较小，风气诚朴，又法律即本于习惯之时，罪名的有无轻重，本来可取决于公议。《礼记·王制》篇说："疑狱泛与众共之"，还是这种制度的一个遗迹。外国大概和这风气相去还近，所以能有陪审制度，中国又较难说了。举此两端，即可见中国研究法学的人，不能但凭外国材料。（二）又如农民，大都缺乏资本，不能无借于借贷。王安石的青苗法，现在大家都知道其立意之善了，然其办法不甚合宜，也是不能为讳的。其最大的病根，即在以州县主其事。人民与官不亲，本金遂借不出去，而官吏又欲以多放为功，遂至弊窦丛生。现在的农贷，主其事者为农民银行，与其人民隔绝，自不致如地方官之甚，然其于地方情形的不熟悉，亦与官吏相去无几，至少在他初办时是如此，然亦欲以多放为功，就有土豪劣绅，蒙蔽银行，伪组合作社，以低利借进，以高利转借给农民等的弊窦了。他如现在的游击队，固然和从前的团练不同物，然其理亦未尝无相通之处。又如复员，战士或者要归耕，其事亦非今日始有。此等处，本国以往的情形，亦必较外国的材料，更为亲切。大家都知道研究外国学问，不可不先通其语文，如何研究中国材料，对于本国文字，反而不求甚解呢？

三

文字是要经长久使用，然后才会精深的，这是因为语言和文化，每相伴而发达。金世宗是民族成见最深的人，他不愿女真人和中国同化，于是竭力提倡女真文字，以之开科，以之设学。然他深病女真文字，不如中国的精深，曾以此意问其臣下。有一个对道：再多用些时候，自然要精深些。这话亦颇含真理。从前有个学生留学德国，一次有个德国人问他道：你看法文与德文孰难？他说：法文似乎要难些。这个德国人大为不悦，和他力辩，说德文并不容易，这事见于二十年前《时报》的欧洲通信上。此时语体文初兴，这位通讯员说："现在一班

201

人，还敢以艰深为中国文字之病吗？"案文字要求通俗易解，亦自有一种道理，这位通讯员的话，也未免于一偏。然要通俗易解是一事，要传达精深的学术，亦是一事，这位通讯员的话，亦代表一方面的真理。

要研究中国学问，必须要看古书，这和要研究外国学问，必须读其名家专著一样，单读些近来人所著的书籍，是无用的。因为著书者必有其所悬拟的读者。近人所著的书，非不条理明备，语言朗畅，而且都站在现在的立场上说话，绝无背时之病。然其所悬拟的读者，大都是普通人，其标准较低，极精深的见解，不知不觉，遂被删弃。终身读此等书，遂无由和最大的思想家最高的思想接触。若昔人所著的书，但求藏之名山，传之其人者，则多并不求普通人的了解，所以其内容虽极驳杂，而精深处自不可掩。这亦是治中国学问者对于本国文字不能不有相当程度的原因。

文史本是两种学问。但在今日研究史学，而欲求材料于中国的旧史，则和文学关系殊深。这原不是史学一门，一切学问，要利用中国的旧材料，都是如此的。但是史部中材料特别多，所以其关系也更密切罢了。

图书在版编目（CIP）数据

怎样读中国历史：吕思勉谈历史学习／吕思勉著.
-- 北京：中国文史出版社，2025.3
ISBN 978-7-5205-4350-7

Ⅰ．①怎… Ⅱ．①吕… Ⅲ．①中国历史–通俗读物
Ⅳ．①K209

中国国家版本馆 CIP 数据核字（2023）第 186633 号

责任编辑：薛未未

出版发行：**中国文史出版社**
社　　址：北京市海淀区西八里庄路 69 号院　　邮编：100142
电　　话：010-81136606　81136602　81136603（发行部）
传　　真：010-81136655
印　　装：北京联兴盛业印刷股份有限公司
经　　销：全国新华书店
开　　本：880×1230　1/32
印　　张：7　　　　　字数：127 千字
版　　次：2025 年 3 月第 1 版
印　　次：2025 年 3 月第 1 次印刷
定　　价：55.00 元